Propos de O. L. Barenton,
Confiseur

Édition : JDH Éditions
77600 Bussy-Saint-Georges. France
Imprimé par BoD – Books on Demand, Norderstedt, Allemagne

Illustration couverture : Yoann Laurent-Rouault
(Cat's Society : yvlr2@outlook.fr)

Illustrations originales : Yoann Laurent-Rouault
(Cat's Society : yvlr2@outlook.fr)

Réalisation et conception couverture : Cynthia Skorupa

Préface : Sébastien Thiboumery

ISBN : 978-2-38437-015-3
Dépôt légal : avril 2023

Auguste Detœuf

Propos de O. L. Barenton, Confiseur

Ancien Élève de l'École Polytechnique

MEMORIA BOOKS

PRÉFACE

Auguste Detœuf édite pour la première fois en 1937 son livre le plus célèbre, *Propos d'O. L. Barenton, confiseur.* Grand patron atypique se considérant lui-même comme un « petit philosophe de campagne » (dans une lettre à son amie Simone Weil), il a écrit un recueil d'aphorismes et de pensées sur le système capitaliste, l'économie, le monde de l'entreprise, avec des maximes telles que : « *Le capital est du travail accumulé. Seulement, comme on ne peut pas tout faire, ce sont les uns qui travaillent et les autres qui accumulent.* » Né en 1883 à Lens, Auguste Detœuf intègre Polytechnique à 19 ans, puis l'école nationale des Ponts et Chaussées. Il y apprend toutes les choses indispensables pour diriger une entreprise. Sauf une, le bon sens : « *L'opinion publique est la chose du monde la mieux partagée ; on l'appelle quelquefois le bon sens.* » En 1908, il est nommé à la direction des travaux hydrauliques de Cherbourg et, en 1912, au service maritime du Havre. Il prend ensuite la direction des ports de Strasbourg avant de s'engager, en 1924, dans la Compagnie Française pour l'exploitation des procédés Thomson Houston. En 1928, il prend part à la fusion entre Thomson Houston et la Société Alsacienne de Constructions Mécaniques, qui prend le nom d'Alsthom (connu pour la construction de matériel ferroviaire). Il en sera le président jusqu'en 1940. Bien qu'ayant effectué toute sa carrière dans le haut patronat, Auguste Detœuf reste attaché à la vie modeste, appréciant les choses simples de la vie comme prendre un café crème au comptoir dans un bistrot de quartier. Préférant les idées et les concepts que les détails de la vie matérielle, il est plus à l'aise à crayonner des équations que de planter un clou ou chercher sa place dans un train. Doté d'une certaine ironie, il sait se moquer de lui-même : « *Un véritable homme d'affaires ne perd pas son temps à écrire des pensées sur les affaires.* » Passionné d'économie, Auguste Detœuf fonde un groupe de réflexions et de débats : X-Crise, rassemblant d'anciens élèves de Polytechnique. Suite au krach boursier de 1929, l'objectif est de dénoncer les faiblesses de l'économie libérale et de chercher à la rénover et l'améliorer. Le 1er mai 1936, il prononce devant ce groupe un discours resté célèbre et intitulé : « La fin du libéralisme ». À l'époque, la France est empêtrée dans une spirale déflationniste (gouvernement Laval), subissant toujours les effets négatifs du krach de 1929 : effondrement de la production, chute des salaires, augmentation des faillites. Le chômage touche toutes les catégories sociales. La crise économique alimente une crise politique et un profond rejet du gouvernement.

Dans son discours sur « la fin du libéralisme », Auguste Detœuf cherche des solutions au marasme pour reconstruire une économie habitable. Le grand patron martèle que le libéralisme est « mort », s'est « suicidé », car il ne permet pas de corriger les excès. Les principales dérives du libéralisme (amplifiées depuis et révélant ainsi un certain talent de visionnaire) sont le développement de l'esprit de spéculation de masse, la concentration des entreprises, les divergences de niveau de vie entre pays concurrents, la résistance des nations à l'immigration massive.

Tout d'abord, la spéculation de masse. Au XIXe siècle, la masse ne spéculait pas et ce domaine était réservé à quelques spécialistes. Mais si la masse vient à spéculer, alors elle extrapole le mouvement qu'elle constate, entraînant des excès. « *Soit un léger mouvement de hausse ; la masse constatant la hausse croit à sa durée, à sa continuation. Dès lors, elle accélère ses achats pour ne pas avoir à acheter plus cher plus tard [...], la hausse appelle la hausse.* » Les changements de prix impactent la production et la loi de l'offre et de la demande ne permet plus d'assurer la stabilité. Les prix sont faussés. « *Le prix n'est plus stable ; il oscille constamment entre un maximum qui correspond à la psychose de hausse et un minimum qui correspond à la psychose de baisse.* » Si Auguste Detœuf reproche à juste titre aux investisseurs leur comportement moutonnier provoquant l'instabilité des prix, que penserait-il du pari fou des banques centrales de fausser volontairement les prix des actifs avec des taux d'intérêt très bas, voire nuls, alimentant de nombreuses bulles, mais incapables de stimuler favorablement la croissance ? Le remède ne serait-il pas pire que le mal ? « *Ce qui rend fausses beaucoup de théories économiques, c'est qu'elles sont fondées sur l'hypothèse que l'homme est raisonnable.* »

En matière de commerce international, Auguste Detœuf pose un choix fondamental : « *Nous voyons apparaître la nécessité de faire un choix entre la nation et la liberté économique internationale. Des nations et pas de liberté, ou la liberté et pas de nations.* » La libre circulation des biens, des marchandises et des capitaux a mis sous pression des pans entiers de l'économie de nombreux pays rentrant en concurrence les uns avec les autres, conduisant au déclassement d'une grande partie de la population. En effet, si « *le Français est un paresseux qui travaille beaucoup [...], le Chinois gagne peu, travaille vite et bien, l'avenir lui appartient*». Nous assistons à un retour de la primauté des intérêts nationaux, accréditant cette phrase prononcée par de Gaulle : «*Les États n'ont pas d'amis ; ils n'ont que des intérêts.*»

Auguste Detœuf reproche enfin à la technocratie de fausser profondément les lois libérales. En effet, le propriétaire d'une entreprise va chercher par tous les moyens à défendre son bien, mais qu'en est-il du mandataire ? Son degré d'implication est extrêmement faible et peut conduire à des prises de décisions stupides. En effet, lorsqu'il s'agit de son propre argent, l'entrepreneur ne va pas s'aventurer dans des projets destructeurs de valeur car, s'il se trompe, il joue sa peau et peut tout perdre. Ce qui est différent du gestionnaire qui ne se sent nullement lié à l'entreprise. Les conséquences des succès ou des échecs n'ont pas les mêmes conséquences pour l'entrepreneur et le gestionnaire. L'un obtient les récompenses tandis que l'autre supporte les risques. «*Il ne suffit pas pour justifier leur place qu'ils soient instruits, qu'ils soient intelligents, qu'ils aient de l'expérience, il faut encore et surtout qu'ils soient courageux.*»

Une phase d'expansion libérale se traduit toujours par davantage de déréglementations, une hausse de l'endettement et de la spéculation. Puis il s'ensuit un krach et une période de repli et de fermeture. La tentation de dresser un parallèle entre les années 1930 et aujourd'hui est donc forte, au moment où nous assistons à un ralentissement du commerce mondial, un retour des frontières, un refus de la logique du marché et un rejet des élites. Il ne faut cependant pas se méprendre sur le fond de la pensée d'Auguste Detœuf, qui reconnaît que le libéralisme est le seul système moralement juste, car ayant contribué à l'enrichissement et la transformation d'une population d'ouvriers à une population de petits bourgeois. En revanche, il est opposé au laisser-faire et condamne les excès du libéralisme, notamment l'absence d'équilibre (symbolisé par la main invisible du marché d'Adam Smith) entre l'offre et la demande, la production et la consommation. L'intervention de l'État est donc inévitable, afin d'assurer le bien-être social et de maintenir la paix, car le libéralisme a sanctifié l'égoïsme, d'où la nécessité de recréer une morale. Auguste Detœuf cherchait à tracer une troisième voie, celle entre l'individualisme libéral et le collectivisme, car un système n'est juste que si les plus défavorisés augmentent leur niveau de vie. Or le choix de la préférence pour la préservation de la rente du capital a conduit à une précarisation de la situation du salarié devenu la variable d'ajustement du système.

En lisant Auguste Detœuf se dégage le sentiment qu'il a tout prévu. Sa critique du libéralisme qui, à l'époque, était prophétique apparaît aujourd'hui comme évidente. Le degré de tolérance à l'ouverture diminue. La financiarisation de l'économie, la mondialisation débridée ont déstructuré les sociétés à tel point que le besoin de protection devient désormais plus fort que le désir de liberté. Auguste Detœuf sait que la légitimité du pouvoir vient de la protection du peuple, ce qui est largement ignoré par les partis traditionnels. L'État a pourtant un rôle primordial à jouer car, «*pour que cette initiative soit efficace, il faut que le peuple ait confiance en nous. Il faut qu'il croie que nous poursuivons uniquement l'intérêt public. Il faut que nous pensions tous comme si nous étions le peuple*». Il faudrait pour cela que les élites gouvernent pour le peuple, et non contre le peuple. Un projet qui semble tenir de la chimère.

Sébastien Thiboumery

Yoann Laurent Rouault est le directeur littéraire et artistique de la maison d'édition JDH. Maître des Beaux-Arts, ancien des métiers de la publicité et de la communication, il est aujourd'hui illustrateur, auteur, biographe, producteur, éditorialiste et rédacteur en chef de la revue littéraire *L'Édredon* de JDH Éditions.

Les livres illustrés par Yoann Laurent-Rouault pour MEMORIA BOOKS, parus et à paraître :

- MEMORIA BOOKS. **1984**, de George Orwell. VO
- MEMORIA BOOKS. **1984**, de George Orwell. VF
- MEMORIA BOOKS. **1984 : Le Collector**. VF
- MEMORIA BOOKS. **The Time Machine**, d'H. G. Wells. VO
- MEMORIA BOOKS. **La machine à explorer le temps**, d'H.G Wells. VF
- MEMORIA BOOKS. **Reminiscences of a Stock Operator**, d'Edwin Lefèvre. VO
- MEMORIA BOOKS. **Mémoires d'un spéculateur**, d'Edwin Lefèvre. VF
- MEMORIA BOOKS. **24 contes illustrés pour attendre Noël**
- MEMORIA BOOKS. **Œuvres essentielles de Chrétien de Troyes** (à paraître)
- MEMORIA BOOKS. **Le livre des esprits** d'Allan Kardec
- MEMORIA BOOKS. **Le capital** de Karl Marx. VF (2 tomes)
- MEMORIA BOOKS. **Capital**, Karl Marx. VO (2 tomes, à paraître)
- MEMORIA BOOKS. **Gatsby le magnifique**, de F. Scott Fitzgerald. VF (à paraître)
- MEMORIA BOOKS. **The Great Gatsby**, F. Scott Fitzgerald. VO (à paraître)
- MEMORIA BOOKS. **Propos de O. L. Barenton, confiseur**, d'A. Detœuf
- MEMORIA BOOKS. **The Tragedy of Hamlet, Prince of Denmark**, W. Shakespeare. VO (à paraître)
- MEMORIA BOOKS. **La chèvre de monsieur Seguin**, A. Daudet. VF (à paraître)
- MEMORIA BOOKS. **Psychologie des foules**, G. Le Bon

Introduction aux illustrations de *Propos de O.L. Barenton, Confiseur*

— Connais-tu ce livre : *Propos d'O.L Barenton, Confiseur* ? C'est un livre d'Auguste Detœuf...

— Qui ?

— Le type qui a créé Alstom...

— Ah... et ?

— J'aimerais que tu l'illustres... C'est des aphorismes et des pensées des années 30...

— Bon... J'vais voir ça...

Comme d'habitude, une conversation succincte, avec Jean-David Haddad, éditeur de son état, quelques mots entre deux autres problèmes littéraires et l'actualité des deux maisons. La complicité qui nous unit simplifie les choses. Mais quand même, le personnage a le don de dénicher, pour ses classiques, des œuvres auxquelles plus personne ne pense et qui pourtant cartonnent une fois rééditées, de la *Psychologie des foules* de Le Bon aux *Mémoires d'un spéculateur* d'Edwin Lefèvre (illustrées par votre serviteur), et publiées en deux langues, s'il vous plaît.

Pour un illustrateur, une connaissance de l'œuvre est essentielle, vous vous en doutez. Donc quand on ne connaît pas, il faut lire et se documenter sérieusement sur le sujet. *La chèvre de monsieur Seguin*, *Le Capital* de Marx, *The Time Machine* de Wells ou autres, c'était plus facile pour moi chez MEMORIA BOOKS. Des œuvres lues et digérées depuis longtemps et, qui plus est, bénéficiant du recul nécessaire pour être immédiatement traité efficacement avec le pinceau.

Mais ici, comme pour le spéculateur, le confiseur était une énigme. J'ai fini par comprendre le titre à la lecture, et pourquoi cet ancien polytechnicien et grand capitaine d'industrie d'auteur avait choisi le terme de « confiseur » pour illustrer son propos. Simplement parce que ses aphorismes et pensées, analyses et anecdotes, étaient acidulés et sucrés à souhait. Ce qui m'a frappé ensuite, c'est la contemporanéité de certaines réflexions. Sur l'entreprise, sur les stéréotypes nationalistes, sur le monde en général, sur l'amour, sur l'argent, sur les masses salariales... Brillant et moderne. Bien évidemment, il y a quelques réflexions que ma fille qualifierait de celles « de vieux cons », mais elles sont minoritaires, et pour quelqu'un de ma génération plutôt amusantes au final. Voici quelques exemples de bons mots de l'auteur : « Avoir fait fortune, c'est posséder un peu plus d'argent que les gens qu'on fréquentait la veille. Juste assez pour pouvoir les laisser tomber. » « Les économistes ont raison : le capital est du travail accumulé. Seulement, comme on ne peut pas tout faire, ce sont les uns qui travaillent et les autres qui accumulent. » Ou encore : « Un idiot riche reste un riche. »

Ce livre est paru en 1937. Peu de temps avant le chaos. Peu de temps avant que le monde se décide unanimement pour une économie de guerre.

Avec monsieur Detœuf, j'ai hésité en fin de lecture sur la façon de procéder. Réflexion faite, ce livre oscillait entre le recueil de pensées façon de La Rochefoucauld et la notice. Le mode d'emploi. Le guide du savoir-faire de l'industriel. J'ai donc opté pour un schéma assez simple. « Je prends la table des matières et j'illustre sans complexe. » Mais, passé la vie et l'œuvre du capitaine, les propos de l'éditeur de l'époque, je suis entré dans le vif du sujet. J'ai compris la rythmique de l'œuvre. Je l'ai alors accompagné d'une certaine symbolique répétitive, comme ce bonbon rose qui « fleurit » au fil des pages. J'ai aussi choisi de garder quelques sujets pour illustrer les années 30. Presque 40. Ce qui change à peu près tout. J'ai toujours été frappé en art comme en littérature comme en design, comme en théâtre, cinéma et danse, de l'incroyable bond en avant qu'avait fait cette décennie, résolument moderne.

37 illustrations se sont succédé, prenant parfois des statures poétiques, réalistes ou caricaturales. J'ai évidemment pioché dans l'époque, mêlant différents éléments, du cartoon à l'image pieuse républicaine noyée par les flonflons bleu blanc rouge. J'ai aussi repris des éléments des propagandes des États postapocalyptiques, j'en ai profité pour saluer amoureusement quelques pin-ups de l'époque et j'ai aussi fait un détour par le cinéma de Spielberg. De Renoir. De Baz Luhrmann. Tant pour les cadrages que pour la thématique développée. Un travail plastique de compositions, des illustrations « ouvertes », libres de pensées pour le spectateur, mais collant au texte. Je suis plasticien avant tout, et comme Marcel Duchamp, un célèbre marchand de sel, je sacralise délibérément des éléments et des fragments de vie réels pris à la masse culturelle diffusée mondialement. C'est sans complexe et avec un propos universel, comme le sirop Typhon, que je me livre à ce petit jeu qui de par le fait mêle plusieurs genres.

En attendant le verdict des foules, je vous confesse avoir pris un certain plaisir à réaliser cette commande. Surtout qu'elle s'intercalait dans une production beaucoup plus « sérieuse et douloureuse », à savoir 90 illustrations pour *Le Capital* de Karl Marx. Alors, notre confiseur fut une petite récréation salvatrice. Merci à vous, Monsieur l'éditeur.

Yoann Laurent-Rouault

auteur, biographe, éditorialiste et plasticien

Auguste Detoeuf

Propos De O.L. BARENTON
Confiseur

Si on ne goûte pas ces caractères, je m'en étonne.
Et si on les goûte, je m'en étonne tout de même.

LA BRUYÈRE

Avant-propos de l'éditeur

Ce livre unique et trop peu connu du grand public comporte déjà une préface de l'éditeur qui en eut la primeur. Cette préface est non signée, et hélas les éditions du Tambourinaire, qui éditèrent Auguste Detœuf (alias O.L Barenton, et qu'on pourrait presque appeler Auguste Barenton) furent liquidées en 2010. Aujourd'hui, c'est avec fierté que nous reproduisons cette préface unique, reflet de son époque.

Pour la première fois, le texte d'Auguste Detœuf est illustré. Il le méritait bien.

Jean-David Haddad

Avertissement de l'éditeur

Il y a moins de dix ans que les journaux ont annoncé la mort de M. O.-L. Barenton, industriel, commandeur de la Légion d'honneur. M. Barenton laissait à ses enfants une grande fortune, honorablement acquise. Fait remarquable pour qui sait combien il est délicat d'acquérir honorablement ce qu'on appelle une fortune honorable.

Oscar Barenton était né à Crépigny-sur-Eure (Calvados), le 12 juillet 1870. Fils d'un pharmacien de 1re classe, il fit de brillantes études au collège de Lisieux où il obtint en rhétorique le prix Ballot-Beaupré, attribué à l'élève de lettres ayant le plus d'aptitudes mathématiques. Après deux années passées dans un lycée de Paris, il entra à l'École Polytechnique dans un rang moyen. Il en sortit, deux ans après, dans un rang également moyen, avec le grade de sous-lieutenant d'artillerie. Au cours du séjour qu'il fit à l'École d'Application de Fontainebleau, il devint éperdument amoureux de Mlle Herminie Durand. Cet amour, joint aux sentiments qu'il éprouvait à l'égard du cheval, animal stupide et dangereux, le détermina simultanément à se marier, à quitter l'armée et à entrer comme ingénieur sans spécialité dans la maison de M. Paulin Durand, son beau-père.

M. Durand possédait dans les Ardennes une fabrique de baleines métalliques pour corsets, où travaillaient soixante ouvriers. Surveillée de près, conduite avec la plus stricte économie, produisant des baleines de la meilleure qualité, cette fabrique prospérait. C'était la belle période du corset. Les hommes, à cette époque, recherchaient l'abondance des formes, les femmes et leurs couturiers les ayant convaincus du ridicule de leurs préférences antérieures.

Oscar Barenton crut à l'éternité du corset et à l'éternité conjointe de la baleine métallique. Il se mit au travail, attaquant la baleine de corset comme un problème de mathématiques. Il suggéra des perfectionnements dans la méthode de fabrication, fit établir un petit laboratoire d'essais des matières premières. La main-d'œuvre se faisant rare, il obtint de son beau-père l'autorisation de construire trois maisons ouvrières. L'idée lui vint un jour de la baleine articulée, permettant la flexion du corps : il la breveta, la mit au point lui-même. L'affaire tira de là, durant quelques années, de beaux bénéfices.

Il engagea aussi une petite campagne d'exportation. Mais lorsqu'on eut dépensé vingt mille francs et obtenu dix mille francs de commandes, M. Durand estima qu'il valait mieux renoncer à des affaires difficiles qui chargent les frais généraux et pour lesquelles on ne réaliserait jamais un bénéfice supérieur à 5 %. La maison Durand abandonna l'exportation.

Cependant, l'autorité d'Oscar Barenton croissait dans la fabrique ; en 1905, M. Durand se l'associa.

Le jeune industriel devenait un peu corpulent. Il avait l'œil vif. Une moustache plutôt brune, bien cirée, une barbiche régulièrement taillée, des cheveux châtains, un peu clairsemés déjà, que divisait avec précision une raie latérale, un binocle à monture d'or, l'auraient dispensé d'avoir une physionomie. Les dames lui trouvaient l'air distingué. Il ne quittait pas sa jaquette et ne sortait jamais sans un chapeau melon à petits bords.

Ne faisant pas de sports, M. Barenton continuait à s'intéresser aux mathématiques et s'était mis à cultiver la philosophie. Il aimait les lettres et partageait ses préférences entre France et Barrès.

De ses deux enfants, il destinait l'aîné à Polytechnique, la cadette au mariage. La famille habitait, rue de Dunkerque, un appartement de cinq pièces, au-dessus de la maison de vente. Dans le salon qui servait de salle d'études au futur ingénieur, Mme Barenton recevait le jeudi ses amies de pension et des femmes de polytechniciens.

Il avait été nommé membre de la Chambre de Commerce de Mézières. Plusieurs de ses amis lui conseillaient de se présenter au Conseil Général. Les choses lui paraissaient bien ainsi : il estimait que la France était heureuse.

Pourtant, dans les années qui précédèrent la guerre, une évolution se fit qui, lentement, sourdement, ruina les fondements du corset. Les sports traversaient la Manche. On prenait le goût des corps souples et des jambes musclées, des teints hâlés par le grand air. Peu à peu, le corset était banni des villes. Dans les campagnes, il tenait encore ; telles demeurèrent jusqu'en 1914, autour de nos villes de province, les fortifications de Vauban sans force contre l'artillerie moderne, mais heureusement chargées de la seule défense des villes inattaquées. Les voyageurs de la maison sillonnaient les provinces et, jusque sous les jupes des servantes d'auberge, rencontraient la vertueuse et métallique résistance des buscs renforcés système Durand et Barenton.

« Ce qui sauve le pays », disait M. Barenton, « c'est la paysanne française. »

La guerre vint. M. Barenton fut mobilisé dans une batterie d'artillerie à pied. Il se conduisit fort bien, fut blessé, renvoyé à l'arrière et affecté au ministère de l'Armement. C'est là que la croix de chevalier de la Légion d'honneur le trouva, pour récompenser sa bravoure, jusqu'alors oubliée.

En 1919, M. Paulin Durand mourut. M. Oscar Barenton hérita sa fortune, tout entière en rente 3 %. Amputée par les droits de succession, réduite ensuite par l'inflation au cinquième de sa valeur nominale, cette fortune ne lui fut pas d'un grand secours. Quant à l'usine, démolie sans gloire par le canon des Alliés, ayant perdu sa main-d'œuvre et sa clientèle, elle s'était intégralement transformée en possibilités de dommages de guerre. La monnaie d'or, la vertu et le corset avaient quitté la France.

Audacieux dans ses pensées, mais discipliné dans ses actes, M. Barenton avait vécu jusqu'en 1919 sous des tuteurs commodes : son beau-père, puis ses chefs militaires. Il avait aimé à critiquer les directives ou les ordres qu'il en recevait, car il se sentait quelque bon sens et de la finesse. Mais il y obéissait avec ponctualité ; car il pensait que l'acte qu'on accomplit a moins d'importance que la manière de l'accomplir, et que l'unité d'action vers un but médiocre vaut mieux que le désordre avec des buts élevés. Ainsi satisfaisait-il à la fois sa logique, sa prudence et sa paresse. La fin de la guerre et la mort de M. Durand le laissèrent brusquement sans tutelle. Les vieilles coutumes, les habitudes sociales, la façon d'être comme il faut, étaient entraînées dans une folle tourmente. M. Barenton se sentit dans la triste nécessité de fixer lui-même les règles nouvelles de son existence. Il se soumit à cette fatalité. N'ayant plus rien à perdre, il sentit naître en lui le goût du risque. Ne pouvant plus compter sur le jugement d'autrui, il songea au sien. La guerre n'avait été pour lui qu'un épisode : la signature de la paix marqua l'ère du combat.

Il ne restait dans le monde qu'un pays prospère : l'Amérique. Il y partit et y resta un an, semant sur le sol américain le reste de son trois pour cent.

Il travailla, examina, réfléchit, commença par s'étonner de choses qu'il trouva sans intérêt quelques mois après, et finit par admirer profondément ce qui, tout d'abord, ne l'avait pas frappé. On lui reprocha à son retour d'être devenu Américain. On se trompait : il n'était devenu qu'un Français libre.

Welcome to the United States of America
Mr. Auguste Barenton

Un examen complet et impartial de l'industrie américaine lui avait fait clairement apparaître que, contrairement à des opinions répandues, l'industrie fondamentale des États-Unis est celle de la crème glacée. Rentré en Europe, il réunit quelques amis et leur exposa son projet : établir cette industrie en France. « Cette industrie », disait-il, « n'existe pas. Seul cas où l'on soit sûr d'avoir quelque avance sur les concurrents. Elle n'existe dans aucun pays d'Europe. On peut donc espérer qu'elle ne sera pas protégée par des tarifs douaniers. On arrivera ainsi à des séries comparables à celles des États-Unis. Le jour où la crème glacée américaine essaiera de traverser l'Atlantique, nous serons là pour la recevoir. En attendant, voici le contrat d'aide technique qui nous permet d'éviter les écoles et d'économiser beaucoup de frais d'études. En établissant notre affaire sur des bases rationnelles et larges, nos prix de revient et nos moyens d'action seront inégalables, j'entrevois des bénéfices considérables et un vif rayonnement de la France sur l'Étranger par la crème glacée. »

On lui répondit : « Le rayonnement ne nous intéresse pas. Les bénéfices supposent une clientèle, et la clientèle manque. Personne ne mange en France de crème glacée. C'est un rafraîchissement pour pays prohibitionnistes. Le palais du Français exige des parfums plus fins que le goût barbare des Américains. »

M. Barenton répliquait : « C'est parce qu'il n'y a pas de clientèle que l'affaire est belle. Où est la clientèle est déjà la concurrence. Le besoin n'existe pas : il suffit de le créer. Je ne vois aucune raison pour que l'ouvrière, l'enfant, et plus tard le mari, ne prennent pas goût à une friandise agréable, saine et bon marché, si on sait la leur offrir. Il faut bien entendu que notre produit soit de qualité constante, inaltérable par des revendeurs indélicats, qu'il ne prête en un mot à nulle critique justifiée. La technique dont je dispose m'en assure, si l'usine est bien dirigée. Une campagne d'été vigoureusement menée, avec une large rémunération aux intermédiaires (cafetiers, épiciers, restaurants), nous assurera des agents nombreux. Des distributions gratuites, mais qui paraîtront faites aux frais des organisateurs, dans les fêtes de charité, réunions politiques, assemblées de syndicats, entractes de conférences et de théâtres ; des démarcheurs ayant passé par une école où ils auront appris tous les moyens de vendre la crème glacée, toutes les objections qu'ils rencontreront, et la manière d'y répondre ou de les esquiver ; un matériel de conservation vendu à prix de revient et, s'il le faut, à tempérament, une organisation commerciale enfin – cela suffira à créer le besoin. Il nous faudra l'appui du corps médical : quelques conférences sur les avantages hygiéniques de la crème glacée, un certain nombre de caisses d'échantillons habilement distribuées nous l'assureront dans la mesure utile. Les dépenses seront importantes, mais elles rendront au centuple. »

On finit par lui dire : « Tout cela est vraisemblable, mais n'est pas certain. » Et M. Barenton de répondre : « Il n'y a de certain que le passé, mais on ne travaille qu'avec l'avenir. »

Les amis de M. Barenton ne furent pas convaincus, sauf un fou qui avait perdu les trois quarts de sa fortune dans des affaires de culture de la banane sur le Côte d'Azur, et qui lui proposa le dernier quart.

M. Barenton refusa, négocia ses dommages de guerre et, avec l'argent qu'il en tira, établit une petite usine près d'une mine de houille, en se réservant, pour la publicité, un fonds de roulement égal à trois fois ses immobilisations. Il avait étudié les populations avoisinantes et résolu de borner son action à un arrondissement. Deux ans après, on vendait dans cet arrondissement 10 francs de crème glacée, soit 15 crèmes, par habitant et par an, et le bénéfice qui atteignait 20 % avait permis de rembourser toute la publicité faite.

Les amis de M. Barenton se pressaient autour de lui. Il les accueillit aimablement, leur indiqua qu'il acceptait leurs capitaux, mais qu'ils ne suffiraient pas. Il monta l'affaire sur le pied qu'on connaît.

Tout le monde le sait, la Compagnie Générale de la Crème Glacée (C.G.C.G.) qu'il a fondée possédait en France deux usines de fabrication et six mille wagons frigorifiques. Sa mine de houille, ses usines de transformation des goudrons lui ont assuré à des prix extraordinairement bas les matières premières qu'elle mettait en œuvre. Elle produisait le sucre et la glycérine des graisses, par polymérisation et hydrogénation à partir du formol synthétique, les parfums, à l'aide des phénols. Les matières colorantes étaient à base d'anthracène. Les acides des graisses provenaient de l'oxydation des carbures lourds extraits des goudrons. Les emballages étaient en bakélite désodorisée, obtenue par la condensation des formols et des crésols extraits du même charbon. Il ne restait à la Société qu'un seul sous-produit, le coke, qu'elle vendait pour le chauffage pendant l'hiver, morte-saison de la crème glacée. Elle rayonnait directement sur la Belgique, la Suisse, la Hollande et sur une partie de l'Allemagne et de la Grande-Bretagne. Elle avait dans plusieurs pays d'Europe des filiales prospères qu'elle alimentait en produits semi-finis. Sa publicité a étonné Paris. Ses laboratoires étaient incomparables. Ses œuvres sociales ont été prises pour modèles par plusieurs de nos grands industriels. Quand il mourut, l'inventaire des biens de M. Oscar-Louis Barenton a montré que sa fortune était considérable et qu'elle ne comportait pas de fonds d'État.

Tous les capitalistes ont dans l'esprit les évènements qui suivirent cette mort soudaine : la nomination du gendre de M. Barenton, Ingénieur en chef au Corps des Mines, et de son fils, Ingénieur des Ponts et Chaussées, l'un comme Président, l'autre comme Administrateur-délégué de la Société. Ils se souviennent de la politique d'investissement suivie par le nouveau Conseil, de ce rachat des trois Sociétés concurrentes créées en Allemagne, en Belgique et en Italie, qui fut si applaudi, comme une opération géniale, dans la presse financière, et comme un triomphe national, dans la presse d'opinion. On se rappelle ces prises d'intérêts dans de grandes usines métallurgiques, pour assurer au coke des débouchés nouveaux, dans plusieurs grands magasins, en vue d'obtenir d'eux l'ouverture d'un rayon de crème glacée, l'organisation des crédits de campagne pour les grands hôtels et restaurants. Chacun est encore ébloui de l'éclatante publicité engagée pour la consommation de la crème glacée en hiver, sur la base d'une théorie nouvelle, présentée à l'Académie de Médecine, de la prophylaxie du rhume de cerveau par le froid. Tout cela, sanctionné par cette brillante augmentation de capital de la C.G.C.G. en 1930, opération qui permit à la Société de mettre en réserve, d'un seul coup, une prime d'émission de 500 millions, et de rembourser la totalité des sommes engagées dans les vastes opérations précédentes.

La Société était à son apogée quand survint, avec la crise mondiale, la mévente de la crème glacée, d'abord dans l'Europe centrale, puis en Allemagne, enfin en France. Coup sur coup intervinrent diverses prohibitions d'exportation qui ne laissèrent à la Société d'autre débouché que le marché français. La gravité de la crise métallurgique entraîna des pertes considérables sur les participations industrielles. La crise hôtelière laissa impayée une bonne part des crédits de campagne. Par une malchance que les dirigeants jugèrent inouïe, les cent millions restés disponibles sur l'augmentation de capital, après complet paiement des immobilisations nouvelles, de la publicité et des participations, se trouvèrent engagés presque entièrement à la Banque Française du Progrès Industriel qui fut, comme on s'en souvient, renflouée, mais dans des conditions qui permettaient seulement le remboursement des dépôts inférieurs à 100 000 francs.

C'est alors que se produisit la déconfiture de la C.G.C.G. qui fit un tel scandale, sans qu'on ait pu mettre à la charge des administrateurs d'autres fautes que ce qu'on a appelé dans toute la presse « d'éclatantes imprudences ». Une violente campagne de presse contre l'École Polytechnique, jugée seule responsable du désastre, remua, sans résultat, la France entière.

Ainsi se trouva ruinée en moins de trois ans l'œuvre gigantesque de M. Barenton. Il n'en resta que le goût pris par les Français de la crème glacée et de la multiplication de petites industries locales vendant sans méthodes et sans frais généraux, mais avec bénéfice, des produits médiocres, dans les chefs-lieux d'arrondissement. La ruine aurait-elle été évitée si la mort n'avait pris prématurément le créateur ? Il serait bien osé de formuler là-dessus la moindre affirmation. Au surplus, nous ne prétendons pas juger, mais seulement raconter.

M. Barenton fut un homme d'action, mais il n'était pas sans philosophie. Sa conversation était émaillée d'aphorismes, de vues pittoresques sur les hommes et les choses. Il aimait faire montre de psychologie, assurant que la psychologie est à la base de tous les succès industriels. La peinture qu'il faisait en quelques mots d'un concurrent, d'un ami, d'un collaborateur, était parfois lumineuse et toujours profonde.

Nous avons eu la bonne fortune de vivre près de lui pendant ses dernières années ; nous avions pris l'habitude de noter chaque soir ceux de ses propos qui nous avaient le plus frappé. Ce sont ces notes, sommairement classées, que nous mettons sous les yeux de nos lecteurs.

Qu'on n'y cherche pas de nouveautés étonnantes. Ce sont simplement les devis d'un homme qui se croyait du bon sens, qui reconnaissait avoir eu beaucoup de chance, détestant chez autrui les principes et les axiomes, et qui, comme M. Jourdain, ne se rendait peut-être pas bien compte qu'il vivait lui-même d'axiomes et de principes, Seulement, comme c'étaient les siens, ils ne le gênaient pas.

Au demeurant, brave homme, presque obèse, assez chauve, l'œil toujours vif derrière des lunettes d'écaille. Son aspect avait changé depuis son retour d'Amérique. Il était maintenant complètement rasé, portait un veston, une chemise molle, et, sous un col bas, une cravate choisie. Il aimait la louange, écoutait les contradicteurs, moins pour accepter leurs vérités que pour découvrir quelques arguments en faveur de la sienne. Il était parfois difficile de connaître s'il philosophait ou s'il plaisantait. Nous avons noté sans critiquer ni choisir. Ne valait-il pas mieux s'en remettre au discernement du lecteur ?

Peut-être sa bonhomie, cet air de contentement de soi-même qui n'allait jamais jusqu'à la prétention, la tendre affection qu'il portait au paradoxe et dont il ne voulait pas convenir, le piquant contraste entre les idées qu'il émettait et les actes qu'il accomplissait, tout ce qui en faisait un être vivant, et par là intéressant, nous a-t-il trompé en nous induisant à cette publication. Sans doute demeure-t-il bien peu de lui dans ce que nous présentons ici. Sans doute ne l'avons-nous pas toujours compris. Double raison pourquoi nous aimerions fort que ces propos d'un Français, à tout prendre moyen, soient accueillis avec indulgence par ceux de nos lecteurs qui, comme M. Barenton, sont Français, mais dont aucun, assurément, ne se sent moyen.

L'ARGENT

On fait tout avec de l'argent,
excepté des hommes.

Il faut être très riche pour se permettre d'être honnête...

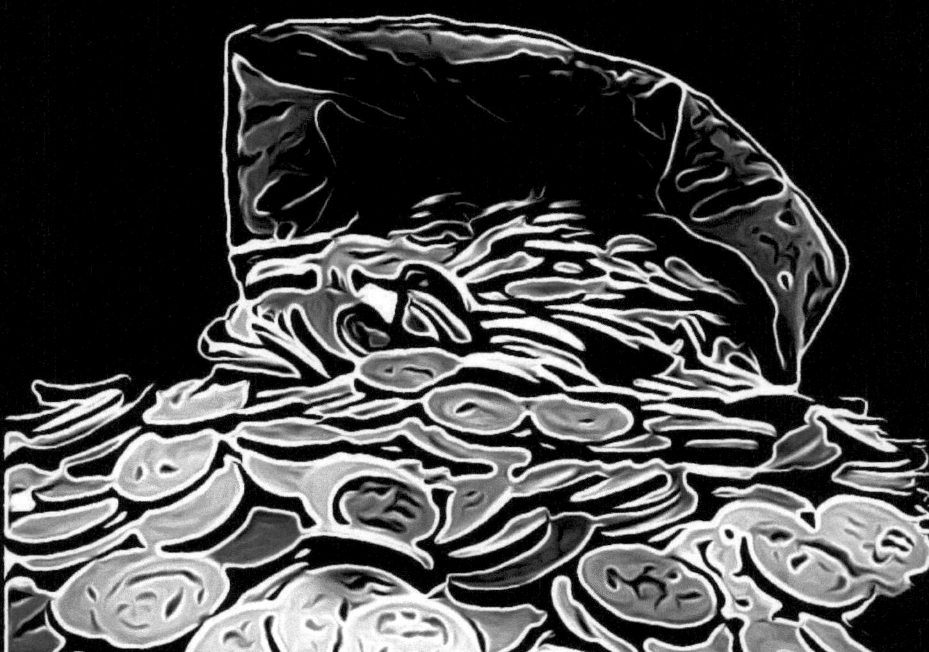

Xantippe a réussi. On l'écoute, on l'admire, et certains l'estiment. Il explique volontiers les causes de son succès, qu'il avait prévu, et qui n'est que l'effet attendu de ses grandes qualités. Il expose comment est dirigée son industrie. Il ne s'y tient pas : il montre les fautes de ses concurrents, de ses concitoyens, de ceux qui gouvernent. Il reconstruit les choses comme elles devraient être : et chacun est frappé de sa profondeur. Sur la morale, il est implacable : il est contraire aux gros bénéfices, qui sont méprisables, aux droits de douane, qui favorisent la paresse, à la distribution de dividendes, marque de faiblesse. La vertu serait bien oubliée, s'il n'en parlait si souvent.

On dit qu'il a eu des débuts difficiles, et que la belle fortune dont il jouit s'est édifiée sur quelques opérations bizarres. Il fut un temps où on ne lui serrait pas la main. Mais il a depuis si longtemps déjà le moyen d'être honnête, et il l'est tellement devenu que ceux qui, par une fortune ou une sottise naturelles, l'ont toujours été, s'honorent d'être ses amis, et recherchent son alliance.

Et que voudriez-vous qu'ils fissent, puisqu'il a réussi ?

Laquelle de ces deux vérités est la vérité ? Il faut être très riche pour se permettre d'être honnête. Il faut être très riche pour se permettre de manquer d'honnêteté.

L'honnêteté est rarement une marque d'intelligence, mais c'est toujours une preuve de bon sens.

Un industriel place son argent ; un banquier déplace le sien.

L'argent est comme la foule qui s'entasse dans le café où il y a foule et déserte le café d'en face, non parce qu'on y est mal servi, mais parce qu'il est vide.

Il y a des gens dont la puissance est faite de tout l'argent qu'ils ont prêté. Il y en a d'autres dont toute la force est dans l'argent qu'ils doivent.

De tous les usages que le peuple peut faire du peu d'argent qu'il a, la générosité est le seul qui l'égale aux riches.

Il le sait.

Un idiot riche reste un riche

POURBOIRES

Le pourboire est un facultatif catégorique ; on a le droit de ne pas donner de pourboire ; on n'en a pas la liberté.

Le pourboire se donne aux salariés insuffisamment rémunérés : les postiers, les garçons de café et d'hôtel, les chauffeurs de taxi, et (à l'étranger) les hommes politiques.

Quand la Révolution eut permis à la bourgeoisie de se croire la classe dirigeante, la bourgeoisie qui, vivant pour gagner de l'argent, est économe, a tenté d'imiter l'aristocratie qui, vivant pour le dépenser, était prodigue. Elle s'est mise à donner, mais en faisant des comptes. Elle a gardé le pourboire, mais elle l'a réglementé.

Quand le règlement est connu, tout va bien ; mais quand il est ignoré, le bourgeois prêt au pourboire est pris entre la crainte des injures et l'horreur du gaspillage. Cette horreur l'emporte le plus souvent chez le bourgeois, et toujours chez la bourgeoise.

L'ouvrier a le pourboire large ; d'abord, parce qu'il n'est pas économe, ensuite, parce qu'en attribuant au voisin un large salaire, il justifie devant lui-même ses prétentions à un salaire meilleur – enfin, parce qu'il est généreux.

Car il y a deux aristocraties : celle du haut et celle du bas.

Entre les deux, il y a nous, qui faisons la force de la France : la roture.

Avoir fait fortune, c'est posséder un peu plus d'argent que les gens qu'on fréquentait la veille. Juste assez pour pouvoir les laisser tomber.

Les économistes ont raison, disait un homme de bourse : le capital est du travail accumulé. Seulement, comme on ne peut pas tout faire, ce sont les uns qui travaillent et les autres qui accumulent.

Comment ne pas rappeler, en parlant d'affaires, la forte observation de Paul Laffitte ?

Un idiot riche est un riche.

Un idiot pauvre est un idiot.

Tout se paie. Il y a deux monnaies : l'argent, et la satisfaction de vanité. Si vous avez le choix, et si vous êtes débiteur, payez en vanité, car c'est une monnaie que vous émettez vous-même et dont l'émission n'a pas de plafond. Si vous êtes créancier, choisissez l'argent : vous aurez le reste par surcroît.

Mieux vaut, disait un banquier, investir une place forte qu'un capital. Il est arrivé qu'une place investie se soit rendue ; un capital investi ne se rend jamais.

Le Français moyen est malheureux dans ses placements. Tel en accuse les officines louches, tel autre les grands établissements de crédit. On oublie que faire travailler son capital, c'est un métier. Le capital est un outil qu'il faut savoir manier. Il y a peu d'intellectuels qui, à leurs heures perdues, fassent de bons maçons. Pourquoi voulez-vous qu'il y ait beaucoup de Français qui, à leurs heures perdues, sachent faire travailler leur capital ?

Un journal ne peut écrire : « N'achetez pas les produits de la Maison Carrée, ils ne valent rien », ce serait de la diffamation.

Mais certains journaux écrivent : « N'achetez pas les actions de la Maison Carrée, elles ne valent rien », parce que, ça, c'est de l'information financière.

Un aventurier est toujours de bas étage. S'il était de haut étage, ce serait un homme d'affaires.

PETIT LEXIQUE INDUSTRIEL

ARBITRE. — Officier chargé de couper la poire en deux au moyen du fil à couper le beurre.

JURISTE. — Serviteur chargé de couper les cheveux en quatre pour permettre de couper les ponts.

BOURSE. — Le thermomètre de l'industrie, mais si mal placé qu'il l'empêche presque toujours de marcher.

CONCURRENT. — Margoulin.

MARGOULIN. — Concurrent.

CONSULTER. — Façon respectueuse de demander à quelqu'un d'être de votre avis.

REFLECHIR. — Attendre quelques jours avant de ne pas changer d'avis.

DIVIDENDE. — Procédé qu'on emploie pour utiliser les bénéfices, quand on a épuisé tous les autres.

PAIEMENT COMPTANT. — Paiement dont le retard n'excède pas deux mois.

LETTRE ANONYME. — Lettre qu'on jette au panier, après l'avoir lue.

LETTRE SIGNEE. — Lettre à laquelle on répond, généralement sans l'avoir lue.

POLITIQUE. — Le cauchemar de l'industrie ; le rêve de l'industriel.

THEORICIEN. — Individu qui n'est pas de votre avis.

SECRETAIRE STENOGRAPHE. — Toujours le bras droit du patron, et quelquefois sa main gauche.

UN PEU D'ÉCONOMIE POLITIQUE

Aide-toi, l'État ne t'aidera pas.

Karl Marx affirme que l'Économique domine le monde ; tel autre assure que l'âme mène l'univers. L'un et l'autre ont raison : ce qui règle les sociétés, ce sont les besoins et les désirs des hommes. Dans la mesure où ces besoins et ces désirs sont ou matériels ou immatériels, Karl l'emporte, ou son adversaire.

Les seuls qui aient osé appliquer la théorie matérialiste du grand Allemand, les Juifs soviétiques, ne l'ont reçue que parce qu'ils étaient des idéalistes : ils ont abouti à un régime fondé, non sur l'économie matérielle, mais sur l'enthousiasme et sur la peur. La Russie est un pays où il n'y a que des âmes de rêve et des âmes d'effroi. Et ce sont souvent les mêmes.

Ce qui rend fausses beaucoup de théories économiques, c'est qu'elles sont fondées sur l'hypothèse que l'homme est un être raisonnable.

La moitié d'un port est occupé par des navires qui ne font rien ; la moitié d'un réseau par des wagons qui attendent ; la moitié d'une usine par des marchandises immobiles. Quel bénéfice, si tous les navires travaillaient, si tous les wagons roulaient, si toutes les marchandises circulaient ! La vitesse de circulation de la monnaie est à la base de l'aisance financière, la vitesse de circulation des choses à la base de la prospérité économique.

Il n'est d'industrie durable que celle qui vend de la bonne qualité.

On oublie le prix qu'on a payé une chose ; on oublie le temps pendant lequel on l'a impatiemment attendue ; mais on se souvient des services qu'elle vous a rendus ou refusés. Car le prix ne se paie qu'une fois ; la livraison n'a lieu qu'une fois ; mais l'usage est de tous les jours.

Il n'y a point d'industrie dont la prospérité soit stable, si cette prospérité est fondée sur des bases contraires à l'intérêt commun.

Ce qu'on appelle la laideur industrielle a presque toujours pour cause le souci de l'économie. Les moyens dont nous disposons ne nous permettent généralement pas de réaliser à bas prix les formes rationnelles. Aussi la réalisation est-elle un compromis entre le rationnel et le bon marché. Et il n'y a pas de beauté du compromis.

LA CONFIANCE

Le paysan qui vit sur son bien n'a pas souvent besoin des autres ; chacune de ses rares transactions dure : il lui donne tout le temps qu'il faut. Il flaire l'adversaire, le palpe, le retourne, et finit par ne lui toucher la main que du bout des doigts. Contre tout l'inconnu, contre l'homme qu'il ignore, sa défiance est défense. Elle l'entoure comme une mer ; elle bat sans fin l'étroit îlot où, avec sa famille, il s'est réfugié. Elle l'isole, et il croit qu'elle le protège contre les pirates. Illusion : les pirates ne craignent pas la mer. Mais il chérit ce leurre, et pour rien au moins n'accepterait qu'un point reliât son île à celle du voisin.

L'économie nouvelle est faite de l'appui des uns sur les autres. Et qui s'appuiera, s'il n'a confiance dans l'appui ? La confiance est la Loi. Crédit, confiance, croyance, foi : fides et credo – mots qui expriment la même nécessité sociale.

Confiance du banquier dans l'industriel, de l'industriel dans le client, qui rendent possibles les prêts et les échanges ; confiance du client dans le commerçant ou l'industriel, à qui il passe des commandes dont la loyale exécution est pour lui d'importance ; confiance du chef dans les subordonnés, qui exercent en son lieu l'action et le contrôle ; la confiance de l'ouvrier dans le patron, qui respectera le salaire acquis lorsque, par un plus grand effort, l'ouvrier se sera créé des revenus inattendus.

Que la confiance s'étiole, la crise couve ; qu'elle grandisse, l'argent circule, l'industrie s'anime, le rendement de l'ouvrier s'accroît, les relations commerciales deviennent faciles et rapides, on gagne du temps et la collectivité s'enrichit.

Les peuples du Nord, guerriers, marins, nomades, ont l'atavisme de la confiance ; ils ont vécu en hordes, en équipages, en tribus ; ils se sont serrés les uns contre les autres. Ils ont toujours été des hommes de société. Mais les peuples paysans ont une hérédité de défiance, et cela les rend moins propres à s'adapter à la vie moderne.

C'est peut-être ce qui gêne le Français dans la concurrence économique des nations. La Banque est réservée dans ses aides à l'industrie ;

le chèque circule timidement ; le patron ne cherche pas la confiance de l'ouvrier ; le chef croit que l'œil du maître prime la foi dans le subordonné, même quand la masse d'hommes qu'il doit manœuvrer s'étend au-delà de son horizon ; le client se défie du fournisseur et l'enserre dans un réseau de stipulations qui gênent l'action de l'un sans donner à l'autre la sécurité ; l'industriel hésite à faire crédit. Le concurrent se cache du concurrent et dissimule quand l'intérêt commun exigerait qu'il parlât : l'homme est un renard pour l'homme.

Français, paysans, mes frères, tâchons d'oublier la séculaire façon dont on s'y prend chez nous pour vendre un cochon ; aidons-nous comme font, d'instinct, sur un navire battu des vents, les membres d'un même équipage.

Pour développer l'industrie dans un pays, on dit qu'il faut y créer des besoins. Mais ce sont les besoins des femmes auxquels il faut s'attacher. C'est parce qu'on avait offert une pomme à la première femme, et que la femme y avait pris goût, que l'homme a été condamné au travail. Et ce jour-là naquit l'ère du progrès.

Owen D. Young conte cette histoire :

Mutt dit à Jeff : « Alors, les Chinois ont la tête en bas ? Pourquoi ils ne tombent pas ? » Jeff répond à Mutt : « C'est à cause de la loi de gravitation. » « Alors, dit Mutt, qu'est-ce qui arriverait, si on en votait une autre ? ... »

Et Young conclut : « Plutôt qu'aux lois humaines, fiez-vous aux lois naturelles. »

Il n'y a de bonne politique que celle du juste milieu. Le difficile n'est que de savoir où il est.

L'intérêt général n'a été vraiment défini que par Pascal. C'est, dit-il, un cercle dont le centre est partout, la circonférence nulle part.

On défend le consommateur en évitant d'augmenter la rémunération du salarié ; on défend le salarié en chargeant d'impôts le capitaliste ; on défend le capitaliste en vendant le plus cher possible au consommateur ; et la justice se trouve ainsi d'autant mieux satisfaite que le salarié, le capitaliste et le consommateur, c'est presque toujours le même type.

Pour l'industriel, l'économie du pays se compose d'une réalité, l'industrie – d'un moyen, la banque – d'un prétexte, le consommateur. Pour le banquier, elle se compose d'une réalité, la banque, d'un moyen, l'épargnant – et d'un prétexte : l'industrie.

Le patriotisme industriel est un sentiment désintéressé qui se manifeste de deux façons : en ce qui concerne les ventes, par les fournitures au Gouvernement ; en ce qui concerne les achats, par la préférence donnée à l'industrie nationale.

Le patriotisme industriel est sans limites en ce qui concerne les fournitures au gouvernement ; il est limité, en ce qui concerne les achats à l'industrie nationale, à une différence de 5 % avec les prix des fournisseurs étrangers.

DÉSINTÉRESSEMENT

Le désintéressement est la condition de durée de la Société moderne. C'est d'ailleurs ce qu'on y rencontre le moins.

L'économie d'aujourd'hui est fondée sur la Société anonyme, sur le Syndicat et sur l'État. Elle est un équilibre mobile entre ces forces. Dans chacun de ces organes, la puissance d'agir est déléguée par une masse à un ou plusieurs individus. La tentation est grande pour eux d'utiliser cette puissance, au moins en partie, à des fins personnelles. Le désintéressement est nécessaire. Être désintéressé, ce n'est pas mépriser l'argent, c'est avoir pour mobile essentiel le désir d'accomplir une tâche d'intérêt commun. Si ce désir est dominant, l'ordre existe ; sinon, le désordre naît.

Fumisterie, disent les hommes d'argent. – Hypocrisie, soutiennent les hommes de puissance. – Utopie, déclarent les mieux veillants. Ils ont tort : on fabrique des hommes désintéressés. De ceux qui ont été élevés et instruits jusqu'à vingt-cinq ans dans l'étude et la recherche de l'inutile, dans l'amour de l'art et de la science pure – dans la recherche de problèmes abstraits – quatre-vingts pour cent sont jusqu'à quarante-cinq ans des hommes désintéressés. (Après cela, ils deviennent pareils à tous les vieillards. Ils ne pensent plus qu'à eux-mêmes.) C'est cette espèce d'hommes que la Société doit former pour s'assurer un squelette. En aura-t-elle la force ?

Une des raisons du pouvoir de direction de la bourgeoisie au XIXe siècle, ce fut son désintéressement. – Désintéressement fondé sur la rente et sur la culture. – La rente, certitude d'être toute sa vie à l'abri du besoin, la rente, libératrice de la pensée et de l'âme, a disparu. – Il ne reste que la culture. Il faut s'en servir.

Le fils d'ouvrier qui entre à Normale ou Polytechnique en sort aussi désintéressé que le fils du bourgeois.

La France vivait, avant 1914, du désintéressement de cinq cents grands fonctionnaires. Il n'en reste pas cent. La misère, le défaut de considération, plus encore l'impossibilité d'accomplir une grande tâche, les ont dispersés. – Il y a encore en France cent personnes qui croient à l'intérêt public, et qui y pensent. – C'est bien peu, à l'heure où l'État envahit la Nation.

L'HOMME ET LES OPINIONS

Réflexions brèves pour aider à la réflexion

Il y a en tout homme deux êtres : lui-même et l'opinion publique. Formée en lui, avec sa pensée, au temps qu'on l'éduquait, sans cesse rappelée à lui, du dehors et du dedans, elle le pénètre, au point qu'il a bien du mal à discerner ce qui resterait de lui, elle disparue.

La plupart des hommes ne sont assurés de leur réalité qu'à partir du moment où ils obtiennent quelque considération. Ils n'existent que par le reflet qu'ils croient voir de leur existence dans les yeux d'autrui.

Le plus grand courage, ce n'est pas le courage militaire qui a l'opinion pour lui : c'est le courage civique, celui qui ose aller contre elle.

Chacun se sent le centre, mais a besoin de se faire confirmer qu'il est un centre : ce n'est pas si difficile ; la moindre politesse lui suffit.

De tous les groupes d'opinions, le plus puissant sur l'homme est fait de ceux qui mangent et boivent avec lui : dans le Collège Romain, dans les Confréries, les corps de métiers, les compagnonnages, l'institution fondamentale a toujours été le banquet ou la beuverie. C'est du jour où l'ouvrier a cessé de manger avec le patron que sont nées les opinions de classe.

Dans un pays sain, l'opinion est favorable aux vertus sociales : honneur chez les aristocrates, honnêteté chez les bourgeois, loyauté parmi le peuple. Si elle cesse de les honorer, c'est que le pays est malade.

Ce qu'on appelle l'opinion publique, c'est l'opinion de gens qui ne savent généralement pas ce qui s'est passé ; aussi est-elle plus juste que celle des quelques gens qui en savent beaucoup, mais croient tout savoir.

Sur l'avenir, l'opinion publique est moins faite de l'ensemble des opinions de chacun que des opinions que chacun se fait de l'opinion des autres.

En matière de morale, l'opinion publique n'est pas faite de toutes les opinions que chacun a de ses propres actes, qu'il connaît bien, mais de celles qu'il a des actes des autres, qu'il connaît mal ; ainsi, l'opinion se fonde sur les apparences : c'est en quoi elle est sociale ; car la vie sociale est tout entière fondée sur l'apparence.

C'est à l'opinion publique qu'on doit l'hypocrisie : effort de l'homme, plus utile qu'on ne pense, pour lui donner satisfaction au moindre prix.

Beaucoup aiment dire : « Je me fiche de l'opinion publique. » Qu'on le dise suffit à montrer qu'on s'en soucie.

Il y eut un bon moment dans l'histoire des démocraties : ce fut le temps où l'on agissait sur l'opinion par la rhétorique. Action passagère, peu redoutable. Nous en sommes à l'époque où l'opinion se fait par la propagande : je crains bien que nous n'en sortions pas.

On ne saura jamais si les hommes font partie d'un groupe parce qu'ils ont les mêmes opinions, ou s'ils ont les mêmes opinions parce qu'ils sont du même groupe. Les enquêtes poursuivies par l'Institut d'Opinion Publique ont montré à quel point les opinions du même groupe, sur tous les sujets, sont concordantes.

À force d'étudier l'opinion, on découvrira qu'elle a des lois ; à mesure qu'on découvrira ces lois, les hommes chercheront à les utiliser ou à les tourner, et, à partir de ce moment, il n'y aura plus ni opinions, ni lois.

Les hommes qu'on croit le plus au-dessus de l'opinion publique, ce sont les dictateurs ; mais ce sont ceux qui s'en préoccupent le plus. Il est vrai que c'est pour la modeler sur celle du groupe qui les entoure, à qui ils confèrent la puissance et qui les paye par la flatterie. Aussi sont-ils, peu à peu, détruits par leur propre orgueil.

Beaucoup se croient originaux parce que, sur des points infimes, ils se sentent différents de leurs congénères. Ils mesurent mal l'infinie multiplicité de ceux sur lesquels leur opinion se confond avec l'opinion publique. Sur ce conformisme, leur esprit critique n'agit pas. Si l'on veut être vraiment libre, ce sont les points qu'on ne discute jamais qu'il faut discuter ; mais cette liberté ressemble fort à l'anarchie.

L'opinion publique est la chose du monde la mieux partagée ; on l'appelle quelquefois le bon sens.

Plus leurs opinions sont proches, plus les groupes se sentent frères et, par conséquent, plus ils se détestent.

QUELQUES LOIS GÉNÉRALES

Découvertes en écoutant parler les industriels

At the
POW
WOW
Gay
Entertainmen
EVERY
NITE

Article premier.

Chaque industrie est la plus difficile de toutes[1].

Art. II.

Toute modification apportée à une machine permet de réaliser une économie de 10 %.

Art. III.

On ne fera rien jusqu'après les élections.

Art. IV.

Il ne faut jamais oublier de prévoir l'imprévu.

Art. V.

Le concurrent ne se rend jamais compte de ses prix de revient.

Art. VI.

Le fournisseur n'est pas consciencieux.

Art. VII.

Le client se croit tout permis.

[1] Vous ne pensez pas à la banque, dit le Banquier.

HISTOIRE ET GÉOGRAPHIE

De toutes les sciences, la plus utile
à l'industriel, c'est la géographie.

RAILWAY LINES

LE PHÉNOMÈNE DE L'INDUSTRIE

Demandez à un industriel de vous expliquer la révolution de l'économie moderne et de vous indiquer la cause profonde qui, en un siècle, a plus profondément transformé les relations humaines que ne l'avaient fait les cinq mille années précédentes, l'industriel répondra : « L'explication, c'est la machine à vapeur. »

Et il est vrai que la machine à vapeur a été une des génératrices de l'industrie. On lui doit le chemin de fer, le steamer ; avec eux, le prix des déplacements a diminué de façon incroyable, la capacité des moyens de transport s'est démesurément accrue. Condition nécessaire à la répartition du travail et, par là, à la concentration des fabrications, sans laquelle la mécanisation industrielle devait rester élémentaire. Condition aussi de la vitesse des relations de pensée entre les hommes, en liaison directe avec la vitesse du progrès.

Regardons pourtant de plus près.

Quelle influence la machine à vapeur a-t-elle eue sur l'invention du télégraphe, puis du téléphone ? Quel rôle a-t-elle joué dans le prodigieux développement de la chimie qui, à la fin du XVIIIe et au début du XIXe siècle, précédant les applications industrielles de la vapeur motrice, a permis, en créant la métallurgie, ces applications mêmes ? Quelle relation directe entre la vapeur et la science électrique, source de la plupart des progrès récents ? Sans la constitution, tout à fait indépendante, de la science géologique, eût-on pu découvrir en masses suffisantes le combustible et le métal nécessaires aux machines ?

Ces merveilleux progrès dans la voie de la science sont simultanés ; leurs succès s'entraident ; mais ni Volta, ni Priestley, ni Lavoisier, ni Cuvier, ni Faraday, ne songent à favoriser l'usage de la machine à vapeur : elle n'est qu'un des matériaux avec lesquels se bâtit l'industrie ; la cause profonde de la révolution économique, c'est le progrès de la connaissance.

Dès lors, la question revient à se demander pourquoi l'humanité a si longtemps attendu l'éclosion de cette forme de pensée qu'on appelle aujourd'hui la pensée scientifique.

La domination du catholicisme sur tout le Moyen Âge explique, sans qu'il soit besoin d'y insister, plusieurs siècles d'immobilité. Toute recherche, qui ne fût pas théologique, a été suspendue pendant plus de mille ans.

Mais avant cela ? L'esprit romain, plus encore l'esprit grec, et sans doute l'égyptien et le chaldéen, avaient l'agilité de l'esprit moderne : leur logique, leur mathématique était les nôtres. Et pourtant, ils sont demeurés bien ignorants de la nature : c'est sans doute qu'ils ne cultivaient que les sciences de déduction et d'introspection : psychologie, géométrie, logique ; ils ont bâti des systèmes.

Cet esprit de système se retrouvera, avant et après la Renaissance, dans les pays latins. Un Descartes est le successeur d'un Socrate et d'un Platon : s'il combat le système de l'École, c'est pour lui opposer un système nouveau, plus limpide, mais aussi déductif.

Dans les pays du Nord et, singulièrement, en Angleterre, la marque de la Renaissance est autrement profonde. Dès qu'elle a libéré l'esprit anglais des obligations scolastiques et l'a mis en possession de l'héritage classique, une voie nouvelle est ouverte : l'expérimentation, adaptation continue de la connaissance à la nature, remplace, là-bas, l'adaptation forcée de la nature au système philosophique. Doctrine pragmatique, qui n'hésite pas à brouiller tous les classements admis, si l'on en doit tirer quelque profit, doctrine où la raison semble s'être lassée de sa longue divinité et consent à n'être plus qu'un instrument humain.

Vivant, dans un climat plus rude, une vie plus âpre que les Méditerranéens, plus étroitement dépendants du milieu qui les baigne, les Nordiques communient mieux avec la nature, se moulent plus exactement sur elle : ils la comprennent ; les hommes du Sud la contemplent.

Un tel contraste éclate, et plus brutalement, dans les arts, chez les primitifs, où le tempérament des races n'est pas encore altéré par l'éducation et les influences réciproques. Dans le Nord, souci d'une stricte et – par là – puissante vérité. En Italie, idéalisation des formes, des couleurs, des visages : Van Eyck et Memling ; Cimabué et Fra Angelico.

Certes, les Anciens aussi observaient, mais sans permanence, sans entêtement dans l'observation. Sitôt une remarque faite, ils la généralisaient ; tout l'effort était de pensée. On dirait que les Méditerranéens n'agissent que pour penser, au lieu que les autres ne pensent que pour agir.

C'est Roger Bacon qui crée l'esprit scientifique ; ce sont les Anglais qui donneront à la pensée des mœurs nouvelles. Le Français et l'Italien feront progresser les mathématiques, la physique théorique ; l'Anglais analysera et construira des modèles mécaniques répétant les phénomènes naturels. Il lui a fallu attendre la pensée des Anciens pour apprendre à coordonner ses observations et à lier en système les phénomènes épars. Car la théorie est indispensable au progrès, mais l'Anglais seul pouvait subordonner la théorie aux faits.

Lamarck établit la théorie de l'adaptation de l'organe à la fonction ; mais Darwin multiplie les observations qui conduisent à l'idée de l'évolution par sélection. Tandis que Faraday dépiste et crée les phénomènes, Ampère bâtit la théorie du courant électrique. Nous avons des théoriciens de l'économie politique, comme Quesnay ; les Anglais, des observateurs comme Adam Smith et Malthus. Et ce seront encore les Anglais qui fonderont la psychologie sur la physiologie.

L'Anglais, soumis au fait, l'accepte, même s'il contredit toute la vérité reçue. C'est un Anglais, Maxwell, qui osera constater l'identité de la lumière et de l'électricité ; un autre Anglais, Thomson, qui confondra électricité et matière ; un autre encore, Ramsay, qui n'hésitera pas à assumer le ridicule possible d'avoir cru réaliser la transmutation des métaux. Et, en même temps, quand un Français, Curie, trouve dans le radium l'apparence d'une source spontanée et indéfinie d'énergie, il demeure effaré devant les démolitions des systèmes que son observation annonce, et n'ose donner le premier coup de pioche.

En toutes choses, système d'un côté, observation de l'autre. On jugera justement cette division trop brutale ; nombreuses sont les exceptions à la règle générale : le progrès des communications, le mélange des races amollissent de jour en jour les contrastes, unifient les méthodes et les hommes.

Mais le fonds est là.

Le développement de l'esprit scientifique et, par suite, le développement de l'industrie, sont dus à la découverte par les peuples du Nord de la civilisation méditerranéenne ; choc de races, d'où jaillit l'étincelle du modernisme.

Et, puisque c'est aux hommes du Nord surtout qu'on doit la science et l'industrie modernes, est-il étonnant qu'une civilisation septentrionale, toute d'action sur la matière, évince peu à peu la civilisation ancienne, intellectuelle et idéale ?

LES INDUSTRIELS

Un Allemand

C'est un juriste, un juif ou un grand seigneur. Dans tous les cas, c'est un homme qui a joué des coudes, sait le prix de l'effort et connaît la nécessité du risque.

Il a beaucoup d'enfants, qui auront à faire leur vie, qui le savent et qui travaillent. Brillants ? On n'a pas besoin d'être brillant dans les écoles allemandes, et on n'a guère l'occasion de l'être. Sérieux ? Faisant ce qu'il faut, apprenant leurs cours et buvant la quantité de bière qui convient à un étudiant qui sait vivre.

L'industriel allemand croit à l'organisation, comme il croit à l'Allemagne. Il donne des instructions à ses subordonnés et les laisse agir : à chacun son métier. Pourquoi le patron ferait-il celui des autres ? Lui, passe les contrats essentiels, car il vit d'accords. Il les rédige avec soin, de manière à conserver, dans les mots, son entière liberté, sans que son partenaire s'en doute. Bonhomme quand il veut traiter, violent, insolent même quand il désire rompre, jamais il ne sort de la légalité ; mais il estime honnête de ne pas payer ce qui est dû, tant que ce qui est dû n'est pas réclamé. Il se fait ainsi un peu de trésorerie. Et cela lui est bien nécessaire, car, tandis que le Français travaille avec de l'argent devant lui, l'argent de l'industriel allemand est toujours assez loin derrière.

Une faillite ne lui fait pas peur, si elle n'est pas frauduleuse. Il sait que la patience et le temps rétablissent toutes choses. Il vit avec l'avenir, un avenir encadré dans son affaire, mais dans une affaire qui s'étendra sur le monde entier. Il dépense beaucoup dans l'espoir de récolter plus.

Il sait se disputer avec ses fournisseurs et ses concurrents quand leurs intérêts et les siens se contredisent, ou s'entendre secrètement avec eux quand ils sont concordants. C'est un envahisseur, porté par une horde d'envahisseurs.

Et pourtant, il adore la musique.

Un Anglais

Il y a si longtemps qu'il est dans l'industrie qu'il a l'air de l'avoir oublié. Cependant, presque tous les jours, entre deux parties de golf, il va passer un moment à son office. Il prend connaissance de quelques lettres et y répond en trois lignes, ou bien il discute une affaire. Demandes et réponses, simples, nettes, et si lentes ! Dès qu'une difficulté s'affirme, il prend le train et le bateau, et s'en va au bout du monde rencontrer son interlocuteur pour une conversation de dix minutes. En route, il essaie tous les golfs qui passent à sa portée.

Il vend au monde entier, mais il méprise tous les produits qui ne sont pas britanniques (y compris les hommes). Il fabrique admirablement, suivant une tradition qui ne se modifie pas. Il tient ses engagements, si cher qu'ils lui coûtent, sans même se poser la question de savoir s'il pourrait s'y soustraire. C'est ainsi que l'Anglais ne s'est pas demandé s'il pourrait éviter de payer sa dette à l'Amérique. Au surplus, il ne se pose guère de questions. Et lorsqu'il s'en pose, elles lui apparaissent toutes limpides. Il voit avec horreur la complication du Français, et, lorsqu'il discute avec lui, comme il est plus entêté, il finit toujours par faire adopter la solution simple. C'est d'ailleurs le seul cas où le Français l'adopte.

En littérature aussi, les goûts de l'industriel anglais sont simples. Son art préféré est la T. S. F.

Un Américain

Il est toujours jeune, à moins qu'il n'ait seulement toujours l'air d'être jeune. Il ne porte pas de décorations : il étale un insigne de club. Car il aime qu'on lui trouve l'esprit de solidarité et qu'on exalte sa largeur de vues. Il n'a pas d'enfant. Cela tient sans doute à ce que sa femme est toujours en Europe quand il est en Amérique, et inversement.

Il gagne de l'argent, d'abord pour sa femme, ensuite pour lui-même, et enfin pour le plaisir.

Des experts l'environnent : il s'en sert beaucoup, mais il y croit peu. Il leur fait étudier les questions à fond, comme le fait l'Allemand. Mais quand ils ont fini, il extrait de leur travail, complexe et obscur, une solution claire et simple, comme le fait l'Anglais. Il est toujours à la recherche d'un prix de revient bas. Mais il n'a pas foi dans les petites économies. Il ne veut que des économies de masse, celles qu'on réalise par une adaptation meilleure des moyens au but visé. Aussi passe-t-il sa vie à adapter. Son usine est une entreprise de déménagement. Comme l'Allemand, il dépense beaucoup pour préparer l'avenir. Mais, à la différence de l'Allemand, c'est son argent qu'il dépense, car il en a.

Grâce à cela, et à quelques facilités naturelles, il fait de beaux bénéfices dans son entreprise. Et il y ajoute des gains importants, en spéculant sur ses propres actions. Si riche qu'il soit devenu, il n'abandonne jamais ses affaires ; au contraire, il y ajoute une entreprise supplémentaire : la philanthropie.

Il connaît le monde entier, mais il n'a pas eu jusqu'ici le temps de visiter les États-Unis.

Il n'a pas encore eu le temps non plus d'apprendre l'histoire, ni de connaître les lettres, ni d'écouter la musique : il est si jeune !

Un Français

Il est le fils de son père ou de l'École des Mines. Il a trois enfants, dont l'un entre à l'école de la rue Descartes, en passant par la rue des Postes, et dont les autres n'arrivent pas à passer leur baccalauréat.

Il est républicain, mais bien-pensant ; il déteste la guerre, mais il ne supporte pas l'éloge de l'Allemagne ou des Allemands. On a seulement le droit de leur reconnaître le génie de l'organisation, pourvu qu'on fasse immédiatement quelques réserves sur les facultés que leur offrent leur caporalisme et leur natalité. Quant aux autres peuples, ils ne jouent qu'un rôle effacé dans sa vie. Il sait seulement que l'Anglais n'est pas intelligent, que l'Italien est couard, l'Espagnol vaniteux, et que l'Américain a beaucoup d'argent et en profite pour acheter des tableaux cubistes dont les Français ne veulent pas. Car, lui, aime la peinture et achète du Didier-Pouget.

L'industriel français a beaucoup d'idées générales, mais il ne les applique jamais. Il travaille énormément. Comme il paie peu ses collaborateurs, ceux-ci sont médiocres. Mais ça ne lui déplaît pas. Il déteste les collaborateurs éminents. Aussi est-il obligé de faire le travail de ses subordonnés, et n'a-t-il pas le temps de faire le sien. Il gagne de l'argent, parce que ses affaires sont très surveillées. Il a horreur du coulage : il arrive à l'éviter. Il est sans rival dans l'affaire moyenne, où l'œil du maître peut tout voir, médiocre dans la grande affaire où il faut faire confiance à autrui. L'industriel français ne s'entend avec personne, sauf parfois avec ses vieux clients, parce qu'il les sert consciencieusement. Mais il est aussi seul vis-à-vis de ses concurrents que vis-à-vis de ses collaborateurs. Il ne risque jamais. Il a horreur du crédit en banque ; c'est tout juste s'il ne se regarde pas comme déshonoré parce qu'il a des traites en circulation. L'industriel français vit dans le présent, avec le passé. Il ne demande rien à l'avenir.

L'avenir, c'est pour lui le jour lumineux où il se retirera des affaires et donnera sa succession à l'un de ses fils. À la vérité, il succombera à la tâche, parce que ses fils sont insuffisants et parce que, au fond, il ne croira jamais qu'un autre, quel qu'il soit, puisse faire aussi bien que lui.

L'Anglais est un praticien qui n'a pas de théories ;
L'Allemand un théoricien qui applique ses théories ;
Le Français un théoricien qui ne les applique pas.
C'est ce qu'on appelle, chez nous, avoir du bon sens.

Pourquoi l'Allemand croit-il à la supériorité des produits allemands ?
L'Anglais à la supériorité des produits anglais ?
L'Américain à la divinité des produits américains ?
Le Français à la vertu des produits étrangers ?
Serait-ce que le Français est le moins orgueilleux de tous ?
Non, mais sa vanité n'est que personnelle ; il est modeste pour tous ses compatriotes.

L'Américain classe les hommes par leur argent.
Le Français, par leurs numéros d'ordre dans les examens.
Le Chinois aussi.

Le Français est un paresseux qui travaille beaucoup ;
L'Anglais, un paresseux qui ne fait rien ;
L'Allemand, un travailleur qui se donne du mal ;
L'Américain, un travailleur qui sait s'arranger pour ne pas faire grand-chose.

La France est un pays libre-échangiste : il suffit d'entendre n'importe quel industriel. Il est hostile aux droits de douane, sauf en un cas, très particulier, le sien. Il est bien regrettable que le total des cas particuliers soit justement égal à celui des industries.

LE PETIT LA ROCHEFOUCAULD

Il y a de bons métiers ;
il n'y en a pas de délicieux.

DU MENSONGE

En affaires, mentir n'est *jamais* nécessaire, est *rarement* utile, est *toujours* dangereux.

Si la probabilité d'être convaincu du mensonge, quand on a menti, est de un pour mille, il ne faut pas mentir. Car un mensonge suffit à détruire la confiance qu'on a acquise en disant mille fois la vérité.

Il ne faut jamais mentir ; mais il n'est pas nécessaire de redresser qui se trompe. Si quelqu'un vous dit une sottise, et que le désir vous vienne de l'en convaincre, demandez-vous si ce qui vous pousse est son intérêt, ou bien le vôtre, ou seulement le plaisir de lui montrer qu'il se trompe, et que vous ne vous trompez pas. Si par hasard, vous constatiez que ce n'est pas ce plaisir-là que vous recherchez, corrigez-le.

La définition de l'honnêteté n'est pas la même dans tous les métiers. Mais, dans chaque métier, on donne le nom d'honnêteté à l'attitude qu'on peut conserver indéfiniment.

***

Nous avons maintes fois entendu M. Barenton tenir les propos qui précèdent. Pourtant, on a retrouvé dans ses papiers la petite note manuscrite qui suit :

Le courage du mensonge n'est pas donné à tout le monde. Il n'y a pas que les honnêtes gens qui disent toujours la vérité. Il y a aussi les faibles et les timorés.

DE L'AUDACE

Parmi les hommes craintifs, les plus dangereux sont ceux qui craignent de ne pas paraître assez hardis.

Que pensez-vous de Cantabre qui se lance dans cette nouvelle fabrication ? demandait-on à M. Barenton.

Pourquoi, répondit-il, essayez-vous de me déconsidérer ? S'il réussit, je dirai comme vous qu'il a été prévoyant ; s'il échoue, je dirai comme vous qu'il a été imprudent ; pour le moment, je dis comme vous qu'il est audacieux.

Tel qui serait capable de décisions justes et hardies, redoute à juste titre de manquer d'habileté, ou seulement de réplique, si l'évènement l'oblige à les défendre. Le courage dans les actes est souvent le résultat de la présence d'esprit dans les discussions.

Un homme est vieux à partir de l'heure où il cesse d'avoir de l'audace.

S'il est certain que la Fortune aide les audacieux, ce seraient les gens prudents qui auraient le plus d'audace.

ORGUEIL ET VANITÉ

Les hommes se répartissent naturellement en trois classes : les vaniteux, les orgueilleux et les autres.

Je n'ai jamais rencontré les autres.

Faute de confiance en son propre jugement, le vaniteux réclame de ses voisins une admiration qu'il n'est pas sûr de susciter. L'orgueilleux trouve en soi l'assurance que le vaniteux cherche hors de soi : l'orgueil est le sentiment du fort ; la vanité, celui du faible. Aussi, encore qu'orgueil et vanité soient mal accueillis par un entourage qui, soumis aux mêmes besoins, déteste se voir imposer n'importe quelle supériorité, la vanité est-elle, au fond, plus sociale et, par là, plus sympathique que l'orgueil. Au moins, le vaniteux reconnaît-il, en fait, qu'il a besoin d'autrui. Cela vaut quelque reconnaissance. Mais aussi la vanité est plus volontiers attaquée et moquée. Car on a le cœur plus léger pour frapper le faible que pour affronter le fort.

Orgueil et vanité sont des besoins ; modestie et fatuité ne sont que des attitudes, conseillées par l'un ou par l'autre. On ne peut dire si un modeste est un vaniteux ou un orgueilleux ; on sait seulement qu'il ne peut être que l'un ou l'autre.

Il est fréquent que le vaniteux parvienne à l'orgueil dans un domaine où il est assuré d'avoir réussi. Une approbation désormais certaine lui devient superflue. Sûr de soi sur ce point, il applique sa vanité à d'autres domaines, qu'il est inquiet de conquérir. Le premier violon du père Ingres a été la peinture. Mais il s'est trouvé que l'opinion a reconnu qu'il en jouait bien. Là-dessus, dès lors, l'orgueil lui a suffi. Et sa vanité lui a trouvé un autre violon sur lequel il jouait faux, mais avec la passionnante anxiété des applaudissements.

Si la modestie et la fatuité sont communes aux orgueilleux et aux vaniteux (les plus intelligents choisissant d'être modestes et les plus sots étant fats sans effort), l'excès d'orgueil comme l'excès de vanité conduisent à des attitudes spécifiques : le mépris, pour l'orgueil ; la vantardise, pour la vanité. Trop concentré dans l'admiration de soi, l'orgueilleux oublie les nécessités sociales. Il écrase les voisins, qui ne le lui pardonnent pas. Trop désireux d'exciter l'admiration d'autrui, le vaniteux cesse de se décrire lui-même, pour présenter à l'opinion celui qu'il voudrait être. Mais un orgueilleux n'est jamais vantard, non plus qu'un vaniteux n'est méprisant.

Le vaniteux parvient rarement à exploiter sa vanité avec bénéfice. S'il est seul, l'unique moyen qui s'offre à lui est la modestie, une modestie extrêmement soignée. La moindre erreur fait apparaître le procédé : une modestie manquée est aussitôt honnie et misérablement traitée de fausse modestie. À raison de cette difficulté, il est plus sûr, pour l'exploitation de la vanité, de fonder une Société. La Société d'Admiration Mutuelle a pour statut une convention tacite par laquelle chacun s'engage à vanter les coparticipants. Ce système, d'application aisée, même pour des intelligences moyennes, donne les meilleurs résultats.

Il n'existe pas de procédé pratique pour l'exploitation de l'orgueil.

Ni l'orgueil ni la vanité ne sont par eux-mêmes recommandables ou blâmables. Ce ne sont que des outils naturels ; seul l'usage qu'on en fait mérite un jugement. L'orgueil naît de la force, et donne la force. Il déchire, renverse, écrase. Il brutalise le destin. L'orgueilleux a contre lui tous ceux qui se comparent à lui et ont quelque vertu. Il a pour lui les adultes peureux et les adolescents enthousiastes. Les peureux dissimulent leur crainte sous le manteau d'une admiration qu'ils espèrent honorable. La vanité des jeunes donne sans regret de l'admiration à celui que leur âge ne leur permet pas d'égaler encore. Et même elle prend appui sur sa force : ils mettent leur fierté à connaître l'orgueilleux et à le suivre. Grâce à ces auxiliaires obéissants, l'orgueilleux triomphe de ses ennemis, légion désordonnée. Insoucieux d'autrui, il crée de la souffrance ; mais souvent, parce qu'il voit grand, cette souffrance enfante un avenir meilleur. Par là, il redevient, presque malgré lui, un être social, et il dure dans la mémoire étonnée des foules.

La vanité donne le courage. C'est elle qui suscite les héros, qui provoque les grands sacrifices, les actes où l'homme abandonnant ses intérêts, ses biens, sa vie même au profit de la société, sait qu'il se forge une réputation. Il ne s'agit plus là de mener les foules, mais d'être celui qui se distingue d'elles en leur rendant d'éclatants services. La vanité est le meilleur stimulant social.

Orgueil et vanité sont des produits de la conscience. Mais elle les sécrète si spontanément que nous ne les apercevons pas directement. Il nous faut un miroir ; heureusement, nos amis se chargent de nous le présenter.

L'orgueil, qui est force et indépendance, est un péché. La vanité, qui est bassesse et soumission, n'en est pas un.

Les manifestations de la vanité, qui ont pour but l'admiration d'autrui, ne diffèrent guère des actes dont le but est d'inspirer à autrui l'estime, et même l'affection. Même elles les imitent, car l'estime et l'affection sont des moyens d'arriver à l'admiration. Aussi est-il difficile de discerner la vanité d'autrui, presque autant que la sienne propre. Mais on y met plus de cœur : aussi y parvient-on plus sûrement.

Moi, dit Mme Michu, je n'ai pas le temps de me coucher que je suis endormie, et je ne fais qu'un somme jusqu'au matin.

Moi, dit Mme Lepaul, je me réveille plus de vingt fois.

Moi, dit Mme Durand, mon mari ronfle comme un sonneur.

Moi, dit Mme Dupont, le mien a un sommeil de tout petit enfant.

Chacune se définit en s'exagérant un peu ou beaucoup. Aucune n'écoute la définition de la voisine, encore qu'il conviendrait de l'écouter pour être assurée d'avoir une définition différente. Quoi qu'en pense Mme Michu, Mme Lepaul n'irait pas colporter parmi ses amis que Mme Michu dort confortablement. Mme Michu ne peut compter que sur elle. Mais Mme Lepaul et les autres sont polies, à charge de revanche : elles attendent que Mme Michu ait fini de parler pour dire ce qu'elles ont hâte de porter à la connaissance du public. Cet instant d'attention suffit à Mme Michu : elle a intéressé, elle existe donc. La politesse consiste surtout à satisfaire la vanité du voisin.

Tout est bon à la vanité : elle accepte la moindre aumône. Rien ne suffit à l'orgueil.

On dit : « L'Opinion est sotte, je la méprise. Je suis au-dessus d'elle. » Mais on tend l'oreille pour surprendre ce qu'elle murmure. Le plus souvent d'ailleurs, on n'entend rien. On la flatte ; on lui obéit. Mais on choisit, pour montrer son indépendance, un détail minuscule : la forme d'un chapeau, une affectation dans le langage, un paradoxe qu'on ressasse ; juste ce qu'il faut pour qu'on dise autour de soi : « C'est un original » ; juste assez pour intéresser l'Opinion.

DE L'EXPÉRIENCE

1) Il est regrettable qu'on ait trouvé un nom à ce qu'on appelle l'expérience. Car, puisqu'il sait la nommer, chacun s'imagine que l'expérience est une création consciente.

2) Beaucoup sont convaincus qu'avoir de l'expérience, c'est savoir généraliser les constatations qu'ils ont faites une fois. – Un homme m'a trompé : l'expérience m'enseigne que je dois me méfier de tout le monde. – J'ai rencontré une difficulté dans l'exécution d'un contrat : je dois résoudre par avance la même difficulté dans tous les contrats que je ferai. – Celui-ci a toujours manqué de trésorerie : son expérience lui enseigne que la base du succès est l'économie. – Celui-là fut toujours à l'aise : il est d'avis qu'on doit toujours transformer ses bénéfices en immobilisations. – Ainsi l'expérience consciente conduit les hommes à des actes qui s'opposent.

3) La véritable expérience est secrète. Elle naît des petits incidents de tous les jours, des petites erreurs répétées, des petits succès renouvelés qui, par leur nombre, marquent des lois auxquelles se soumet l'habitude. Elle n'est pas pensée, mais vécue. Au contraire de l'expérience dont chacun a conscience, celle-là est commune à tous ceux qui ont fait le même métier, et les conduit aux mêmes règles. Ainsi atteint-elle la généralité, qui est un des caractères de la vérité. On vit avec elle, sans y songer, comme on vit avec la pesanteur.

4) L'homme expérimenté ne sait pas qu'il l'est. Il ne dit pas : « Mon expérience m'apprend… » S'il le dit, c'est qu'il veut justifier des prétentions qui ne relèvent pas de l'expérience.

5) L'expérience étant une habitude, ne s'acquiert qu'avec les années. Aussi se plaît-on volontiers à confondre, en parlant de soi, l'âge et l'expérience. Et l'on donne le nom d'expérience à l'égoïsme, à la crainte, au goût de l'inaction, à tout ce qui nous est venu en même temps que l'expérience. Quand un vieillard oppose son expérience à la présomption d'un jeune homme, il y a beaucoup de chances pour que ce qu'il étale ne soit pas son expérience, mais seulement sa vieillesse.

AMOUR

— L'industrie est hostile à l'amour par le temps qu'elle prend ; elle lui est favorable par l'argent qu'elle donne.

— Un ingénieur ne doit pas être amoureux : l'amour conduit aux fautes de calcul. L'industriel avisé facilite le mariage de ses ingénieux, et leur offre une pleine lune de miel : il a ainsi devant lui quelques années de calculs exacts.

— Y a-t-il des industriels qui sont des hommes à femmes ? L'industrie de l'homme à femmes est exclusive : elle ne supporte pas de rivale.

— Le grand industriel devine les hommes, d'un coup d'œil. Il n'arrive jamais à comprendre les femmes.

Les femmes, d'ailleurs, ne le lui demandent pas.

— Un industriel qui a fait fortune peut se croire intelligent ; il peut se croire puissant ; il peut se croire admiré des hommes. Son industrie marchera quand même. Mais s'il se croit aimé, ne fût-ce que d'une seule femme, son industrie est perdue.

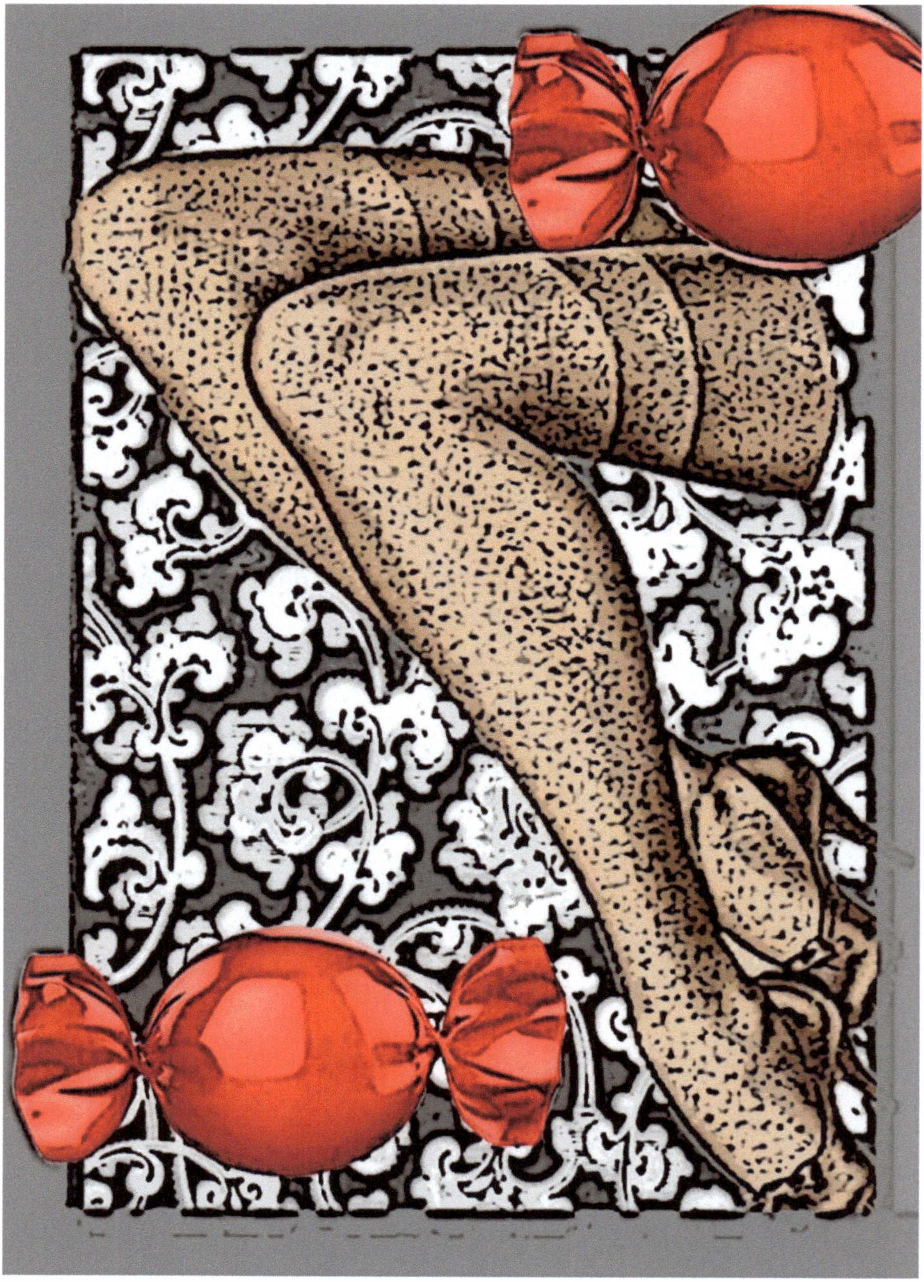

AMITIÉ

Vos affaires marchent : les titres de votre Société sont appréciés. On dit de vous : « Il réussit. »

Damon s'approche, vous entraîne à l'écart et vous murmure à l'oreille : « Il faut que je vous avertisse. Éraste prétendait hier soir que votre bilan sera difficile à établir cette année. Cela est faux, j'en suis sûr ; mais faites-y attention : c'est un bruit qui pourrait se répandre. » Et Damon s'en va satisfait s'il a vu votre visage trahir quelque inquiétude. Car Damon est un ami.

Ce n'est pas dans l'infortune, mais dans la fortune qu'on connaît les vrais amis. La véritable épreuve de l'amitié, c'est le succès : car le malheur ne réclame que du secours et ne risque que la résistance de l'avarice ; tandis que le succès voudrait de l'affection et ne rencontre que l'envie.

PSYCHOLOGIE POUR INDUSTRIELS

Il faut un bon sens bien robuste pour qu'il résiste à la culture, et une équité bien solide pour qu'elle résiste à la richesse.

On n'a besoin d'avoir plusieurs cordes à son arc que lorsque la première n'est pas très solide. Le temps de la changer, l'ennemi a pris l'avantage.

Vous dites d'Axime : c'est un chef d'industrie remarquable et, ce qui ne gâte rien, il a une grande culture ; il est peintre de talent et compte comme musicien.

Vous vous trompez, cela gâte tout : Axime est médiocre comme industriel, comme peintre et comme musicien ; mais on est si étonné qu'il soit tout cela, que le musicien le croit industriel et le peintre, musicien.

On croit d'abord qu'on travaille pour soi ; on se figure ensuite qu'on travaille pour sa femme – on est persuadé plus tard qu'on travaille pour ses enfants ; on s'aperçoit en fin de compte que, pendant tout le temps, on a travaillé *pour travailler*.

L'homme qui parle de l'industrie n'est déjà plus un industriel : c'est quelque chose comme un Président de Chambre de Commerce. Quand Ford a commencé à écrire des livres, il a cessé de vendre des voitures.

Les mobiles qui font agir le savant, l'artiste et l'industriel ne diffèrent guère. Et pourtant, il arrive que le peuple croie que le savant et l'artiste ont travaillé pour lui ; il n'arrive jamais qu'il le pense de l'industriel. C'est pourquoi les premiers peuvent espérer la gloire, tandis que le dernier ne peut compter que sur la publicité.

La publicité, c'est la gloire du riche ; la gloire, c'est la publicité du pauvre.

On dit : « Je ne souhaite pas, Grand Dieu, la mort d'Alcide, qui me barre la route. » Mais, parfois, on se surprend à envisager avec complaisance ce qui se passera après son enterrement.

Il y a beaucoup de grandes combinaisons d'affaires qui n'ont d'autre fondement qu'une mort attendue.

L'homme fort est celui qui n'a jamais eu qu'une idée.

DES PRINCIPES

On commence sa vie avec des convictions.
On la fait avec des principes.

I. — Il est difficile de définir le principe. Pris isolément, le mot n'offre, en vérité, aucun sens. Il n'est usité, en politique, qu'avec un adjectif, et l'essentiel est l'adjectif.

On y distingue deux groupes de principes et deux seulement : les vrais principes, orientés à gauche ; les bons principes, orientés à droite. On ne connaît pas de principes orientés dans l'axe.

II. — En industrie, le principe n'est utilisé que dans l'expression : « J'ai pour principe » où l'essentiel est dans « J'ai ».

III. — Le principe est le meilleur, et peut-être le seul outil connu pour refuser quelque chose à quelqu'un et, préférablement, à un ami. Grâce à lui, on arrive à faire entrer un cas particulier gênant dans un système général qui ne le comprend pas, mais qui ne vous gêne pas non plus.

IV. — Des exemples valent mieux qu'une définition. Je citerai :

J'ai pour principe de n'avoir confiance en personne.

J'ai pour principe de ne jamais traiter avec qui n'a pas confiance en moi.

J'ai pour principe de me faire payer à ma juste valeur.

J'ai pour principe de ne donner d'augmentation à mon personnel que tous les trois ans.

J'ai pour principe de ne pas prêter d'argent.

J'ai pour principe d'être débiteur en banque.

J'ai pour principe d'être payé comptant.

J'ai pour principe de ne payer qu'à la troisième réclamation.

Ces quelques exemples suffiront, je pense, à suggérer le principe correspondant à chaque situation délicate.

V. — Chacun a plusieurs principes, puisque chacun dit : j'ai pour premier principe. Chacun en a un nombre illimité, car personne n'a jamais dit : « J'ai pour dernier principe. »

VI. — Il n'y a que d'immortels principes, puisque, du jour où un principe meurt, on s'aperçoit que ce n'était qu'un paradoxe.

VII. — Il est commode d'avoir des principes vis-à-vis des autres ; vis-à-vis de soi, il est plus pratique d'avoir du bon sens.

Mais c'est moins facile.

CONSEILS D'ADMINISTRATION

Un homme arrivé ne bouge plus.

FRI.
14
JUL

On peut réussir dans l'industrie, par intelligence, par habileté ou par hasard. Mais on ne réussit pas sans travail. Tous les grands maîtres de l'industrie ne sont pas intelligents ; tous ne sont pas habiles ; tous ne sont pas veinards – mais tous sont de grands travailleurs.

On se gausse des Conseils d'Administration, à cause du vide apparent des Conseils. Mais c'est ce que le travail des Conseils ne se fait pas en réunion. Le Conseil, c'est le groupe d'amis expérimentés et agissants qui écartent les décisions hâtives, préparent les voies à la négociation difficile, jettent dans la balance le poids de leur influence au moment où le marché se noue, constituent l'élément essentiel de l'entraide et de la solidarité économique. La vie industrielle est faite de luttes et d'accords. Car une Société, pas plus qu'une nation, ne peut lutter longtemps contre tout l'univers. Il lui faut des alliances et des amitiés. Le Dirigeant doit se charger de la lutte. C'est au Conseil qu'on doit l'accord.

Il y a un art indispensable à l'homme d'affaires, et qu'on n'apprend plus nulle part : c'est la rhétorique. On dit : persuader est le rôle essentiel de l'homme d'affaires. Mais on croit qu'on persuade avec de la volonté et certaines qualités innées. Il est vrai qu'il se trouve des prodiges dans l'art de persuader comme dans les autres ; mais tous les arts ont leur technique, qu'il est bon d'apprendre. Il y a des moyens de rhétorique, qui sont universels : les Américains constatent que l'avocat, lorsqu'il a du bon sens et ne s'est pas laissé envahir par le facile d'esprit de procédure, est un excellent homme d'affaires.

La rhétorique est démodée, parce qu'on l'a fait porter sur des pensées creuses, ou hors de l'action.

Il faut créer une rhétorique moderne, adaptée aux affaires, et l'apprendre aux futurs Administrateurs.

Un bilan est inéluctablement faux. Car, ou bien, l'on y porte les choses pour ce qu'elles ont coûté, et ce qu'elles ont coûté n'est généralement plus ce qu'elles valent, ou on prétend les porter pour ce qu'elles valent ; et comment voulez-vous savoir ce que vaut une chose qu'on vendra on ne sait quand, ni comment, et que peut-être on ne vendra jamais ?

Les actionnaires croient qu'ils veulent des bilans justes ; mais ils désirent des bilans faux. Si les comptes des profits et pertes qu'on leur présente marquaient dans leur intégralité, les variations annuelles qu'imposent à l'industrie les conditions du marché, les actionnaires ne supporteraient ni la joie de la bonne année, ni l'effroi de la mauvaise.

QUELQUES FORMULES À UTILISER QUAND ON PARLE DES CONSEILS D'ADMINISTRATION

Le conseil d'administration est une des manières les plus distinguées de perdre son temps.

Le conseil d'administration est l'antichambre du cimetière. Mais c'est une antichambre si bien chauffée...

Dans un conseil de dix membres, six sont entrés pour toucher des tantièmes (qui sont importants), trois pour toucher les tantièmes et, en outre, des jetons (qui sont minces), un par pure vanité. Les autres pour travailler.

Toute séance du conseil d'administration comporte deux opérations importantes, et deux seulement : la signature du registre de présence et la fixation de la date de la prochaine séance.

Qui se plaint de l'inactivité des administrateurs, a tort. Un conseil qui agit sème le désordre. Pour qu'une affaire soit prospère, il faut que le conseil ne fasse rien. Mais cela ne suffit pas toujours.

Le conseil est la façade de la Maison ; mais tandis que pour les façades de boutiques, la mode veut qu'il y ait peu de décoration et beaucoup de lumière, on préfère le plus souvent qu'un conseil comporte peu de lumières et beaucoup de décorations.

LA GENÈSE

Au commencement, il n'y avait que le Conseil.

Le premier jour, il créa l'assemblée générale, et se fit reconnaître par elle comme le Maître de toutes choses.

Le deuxième jour, il nomma le Président.

Le troisième jour, il nomma le Secrétaire.

Le quatrième jour, il répartit les tantièmes.

Le cinquième jour, il répartit les jetons de présence.

Le sixième jour, il choisit un homme et le nomma Directeur. Puis il lui dit : « Tu travailleras à la sueur de ton front. »

Le septième jour, le huitième jour, et les jours suivants, jusqu'au jour béni de la Saint-Glinglin, le Conseil, ayant tout fait, se reposa.

Et il eut raison : car le Directeur se trouva bon.

LE SILENCIEUX

Themine est dans son cabinet, de la première heure du jour jusque tard après le dîner.

Il écrit. Il répond à des lettres, avec soin. Il n'oublie ni la date, ni le lieu et soigne la formule de politesse. Il en a dix, exactement, entre lesquelles il fait son choix, avec minutie. Il écrit lui-même : il a horreur des dactylographes. Et d'abord, il ne sait pas dicter.

Il lit des rapports. Il déteste causer avec ses subordonnés, qui pourraient lui demander des décisions brusques. Cela le gênerait. Quand un visiteur survient, il fait dire qu'il est en conférence, et l'adresse à son secrétaire.

Dans les Conseils, il ne dit mot. Parfois, pourtant, lorsque tout est fini, il entraîne un collègue dans un coin et lui demande, à voix basse, de l'aider à satisfaire quelque désir insignifiant.

Assis au bout de la table, pour être sûr qu'on ne lui demandera pas son avis, il dessine attentivement au crayon une grecque compliquée. Vers la fin de la séance, il la repasse à l'encre sans lever les yeux.

On sait qu'il n'est pas gênant : quand une place est à prendre, on la lui offre, pour barrer la route à quelqu'un qui aurait des idées et qui aimerait les faire prévaloir.

Il grandit doucement. Comme il a un Directeur avisé, il passe pour un homme d'affaires. Et comme il ne dit rien, on le croit très fort.

Peut-être l'est-il en effet ?

L'ARRIVISTE

Vous connaissez Phaëton ? Qui ne le connaît pas ? Dès l'âge de raison, son programme était fixé. C'était l'ébauche d'une vie, qu'il a construite peu à peu, comme une œuvre d'art. Il ne s'agissait que d'acquérir l'argent et les honneurs. Encore fallait-il les acquérir dans le repos. Un problème aux données si contradictoires n'offrait qu'une solution : l'administration des grandes Sociétés. L'accès en est malaisé : il l'est moins à celui qu'une parenté rapproche de ceux qui sont déjà dans la place. Un titre – nobiliaire s'il se peut – administratif au pis aller – peut écarter des candidatures redoutables. Quelque argent est, dès le début, nécessaire ; il ouvre les portes, celles des salles à manger qui donnent sur les salles de Conseil. Notre homme n'était pas sans fortune. Mais un mariage honorable lui fournit, avec des cousins utiles, les moyens de recevoir avec quelque faste. Le concours de l'École Normale ne demanda pas à son esprit agile, non plus qu'à sa mémoire vigoureuse, un effort excessif. Élégant dans sa mise, aisé dans sa parole, il séduisit les examinateurs, qui lui prédirent un bel avenir dans le professorat. Dix ans après, il le quittait, pour un poste à la Société des Nations. Simple étape : ses relations s'élargissent ; ses cousins s'agitent. Des conseils, d'abord médiocres, puis déjà lucratifs, s'ouvrent à lui. Il nage : il agrippe un conseil plus brillant, puis deux. Il passe des Assurances aux Grands Magasins, effleure les Mines, touche la Banque, et aborde enfin les Chemins de fer. Il prépare le Suez et la Banque de France. Il donne des dîners, cause avec des amis, n'a point de soucis, et ne connaît pas la responsabilité. À quarante ans, il est Officier de la Légion d'honneur, et membre du Volney. Il aura, à cinquante ans, la cravate de Commandeur pour le mariage de son fils, et sera Grand Officier en temps utile pour avoir, à son enterrement, avec l'assistante recueillie de toute la bourgeoisie éclairée, l'honneur recherché d'un piquet de militaires.

UN INGÉNIEUR DES PONTS

Il est entré dans l'industrie par la grande porte ; pourtant, il a l'impression qu'il lui a fallu se baisser pour entrer. Car il était un satrape. Il décidait, réglementait, n'avait devant lui que des contribuables et des fournisseurs. Devant lui ? Non pas – à ses pieds. Maintenant, il gagne un peu plus d'argent, mais il est, à son tour, un fournisseur, et un fournisseur dont les affaires ne seront pas faciles avec les Ingénieurs des Ponts, ses camarades, justement jaloux de sa fortune, et qui entendent la lui faire payer.

Il apporte dans la maison des idées générales. Mais l'industrie n'en a que faire : elle a besoin d'observations, de corrections, d'approximations, de petites informations, de petites idées, de grands efforts sur de petites choses. Elle a besoin de relations, de sympathie avec des indifférents ou des raseurs ; elle a besoin de temps utilement perdu, d'humiliations profitables, et d'une impitoyable concentration vers le profit. Il n'est point formé à comprendre tout cela, qui le dépasse autant que la vie dépasse l'absolu.

Il introduit dans la maison l'ordre et la méthode : grâce à cela, il arrête tout. Les comptes rendus, les rapports, les statistiques occupent tout le temps des Ingénieurs. Des états précis indiquent l'heure à laquelle chacun est entré au bureau ; mais les défaillances sont trop nombreuses pour qu'il soit possible d'appliquer des sanctions. Il s'assure que tout le monde est occupé ; et tout le monde est en effet bien plus occupé qu'avant son arrivée, et le personnel est bien plus nombreux ; il oublie seulement de constater l'utilité des occupations. Car l'utilité n'est pas une qualité précise. À une comptabilité médiocrement tenue, qui montrait des bénéfices, il substitue une comptabilité exacte, mais qui n'indique plus que des pertes. Il a bâti la maison pour l'éternité ; mais c'est pour l'éternité dans la mort.

Un industriel ne prend jamais sa retraite : c'est une machine à broyer du travail, qui se fausse dès qu'on l'arrête, mais qui ne s'arrête pas toujours quand elle est faussée.

On appelle dividende ce qui reste d'un bénéfice éventuel quand on a retranché les frais généraux, les impôts, les amortissements cachés, les amortissements visibles, les réserves et les tantièmes du Conseil. Il peut arriver que ce reste soit positif.

Par une étrange contradiction, la première chose qu'on fait, quand on crée une Société *anonyme*, c'est de lui chercher un nom. Mais par une singulière fatalité, on ne lui trouve le plus souvent que des initiales.

Ce qu'on nomme bénéfice d'un exercice social est un chiffre arbitraire à l'intérieur d'un domaine limité inférieurement par la crainte de l'Assemblée Générale, et supérieurement par la crainte de la correctionnelle.

DISPOSITIONS À PRENDRE POUR S'ASSURER UN BEL ENTERREMENT

Un bel enterrement n'est pas une improvisation : il faut y consacrer sa vie.

I. — Dispositions préparatoires

I. — Posséder une grosse fortune. Les industriels qui, par hasard, n'auraient pas une grosse fortune, peuvent se dispenser de cette lecture.

La grosse fortune n'est pas seulement nécessaire pour payer les frais de l'opération, qui sont élevés : elle est la condition qui assure un grand concours d'amis.

II. — Occuper un appartement, confortable ou non, mais pourvu d'une belle réception, afin que la visite à la maison mortuaire se présente bien.

III. — Avoir pris, en temps utile, les mesures convenables pour que les fils et les gendres disposent d'une influence certaine. Beaucoup d'industriels ont le tort de trop compter sur leur influence personnelle ; elle ne joue pas autant qu'on pense.

IV. — On parlera plus tard (II, V) des fleurs, couronnes et discours. Pour l'instant, nous croyons seulement devoir indiquer qu'on ne rassemble pas ces accessoires au dernier moment. Il convient de s'être assuré un nombre suffisant de Présidences de Conseil, de postes honorifiques dans les Chambres de Commerce, Syndicats, Œuvres sociales – ou, à défaut, de simple bienfaisance. Si on le peut, être mutilé de guerre. Effort de longue haleine, comme on voit.

V. — Dans sa propre Maison, encourager la présence du personnel aux enterrements des Chefs de service. C'est une bonne habitude.

VI. — Uniformes. – Les uniformes, comme les fleurs et couronnes, se recrutent à l'avance. Être Commandeur de la Légion d'honneur. Pour cela, participer, à des intervalles de trois ans, à trois expositions. Le nombre de militaires est fixé par la loi. On n'a donc plus à s'en préoccuper personnellement après la décoration.

VII. — Notice nécrologique. – La préparer soi-même et la revoir fréquemment. On peut être surpris. Une révision trimestrielle est une sage mesure. Elle n'est pas dangereuse : une notice ne rétrécit jamais avec le temps.

II. — Mesures de la dernière heure

I. — *La date.* – Mourir en novembre ou en décembre. Après, ce sont les sports d'hiver, la Côte d'Azur, la campagne. Cela fait du tort. Préférer un dimanche ou un lundi. Ainsi, l'enterrement pourra avoir lieu le mercredi ou le jeudi, avant le désastreux week-end.

II. — *Le faire-part.* – Porter sur la liste des personnes désolées jusqu'aux arrière-petits-cousins. La grande famille fait bien. Offrir au moins deux colonels de cavalerie, trois clarisses et un comte ou, à défaut, une vicomtesse. On ignore pourquoi la vicomtesse fait mieux que le vicomte : c'est un fait.

III. — *L'heure.* – Fixer l'enterrement à midi. On ne peut malheureusement, pour les enterrements, comme on le fait pour les mariages, retenir les clients à l'avance : on risquerait de rencontrer de mauvais prétextes. L'heure de midi étant généralement réservée par chacun à sa tranquillité, on est à peu près sûr de son coup en la choisissant.

IV. — *Le cercueil...* – Robuste, d'un bois riche. Confort et solidité ; des ornements excessifs seraient de mauvais goût. D'ailleurs, le cercueil se montre peu. Réserver l'argent pour le monument.

V. — *Fleurs, couronnes et discours.* – Ne refuser ni les fleurs, ni les couronnes, ni les discours : ça égaie un peu et ça distrait toujours.

VI. — *Ecclésiastiques.* – Contrairement à la question militaire, la question ecclésiastique se règle au dernier moment. On a le nombre d'ecclésiastiques qu'on désire. Ce n'est pas une question de grade, mais une question de classe – et les classes sont tarifiées.

VII. — *Le transport.* – Certains recommandent les voitures de deuil : les invités ont l'air plus tristes. Mais la marche à pied est plus impressionnante. Nous conseillons quelques voitures, pour éviter les critiques. Laisser la masse circuler en rangs pressés. Le bruit des histoires qu'elle raconte attire l'attention. En outre, dans les carrefours encombrés, elle a l'avantage d'arrêter la circulation.

VIII. — *Hispano.* – Le militaire fait mener son cheval d'armes en tête du cortège. Éviter de faire prendre sa place par les quarante chevaux de l'Hispano de service. Évidemment, cela ferait nombre ; mais c'est nouveau riche. L'Hispano se met en queue du cortège. Crêpe au bras du mécanicien.

IX. — *Registre de signatures.* – Point de registre à la maison mortuaire. Les invités signeraient et disparaîtraient. Faire placer les registres à l'église et, si on le peut, au cimetière.

X. — *Musique.* – Prévoir de la musique, même si on ne l'aime pas. Ça ne peut pas gêner l'impétrant et ça fait bien passer le temps des invités.

On se rendra compte que la préparation de son enterrement suffit à occuper l'activité d'un homme mûr. C'est sans doute pourquoi Dieu, dans sa prudence, n'a réservé à chacun qu'un seul enterrement. Mais s'il est réussi, n'est-ce pas la véritable, la seule consécration qui soit vraiment pure, parce que c'est la seule qu'on reçoive sans attendre la suivante ?

OUR CONDOLENCES

DISCUSSIONS, NÉGOCIATIONS ET CONTRATS

Si vous ne pouvez persuader,
appliquez-vous à séduire.

UNE DISCUSSION BIEN CONDUITE

Cent mille francs, dit le Français, cette maison. Elle est bien située, confortable et vaste ; et il y a un joli parc.

— No ! dit l'Anglais. Soixante mille.

— Vous oubliez, dit le Français, qu'il y a un garage. On a vendu ces jours-ci cent vingt-cinq mille francs une maison beaucoup moins agréable, et à cinq kilomètres de là. Cent mille francs est un prix modéré.

— No ! dit l'Anglais.

— Je vois, dit le Français, que ce sont les toitures qui vous inquiètent : il y a de petites réparations à faire ; mais elles n'iront pas bien loin. Mettons, si vous voulez, quatre-vingt-dix mille.

— No ! dit l'Anglais.

— Je ne comprends pas vos objections, dit le Français. Si c'est le manque de vue qui vous frappe, personne n'y peut rien. Mais on se lasse rapidement de la vue. Mieux vaut une maison bien chauffée, claire et spacieuse, sans grande vue, qu'une bicoque avec un beau panorama. Écoutez, je préfère vous indiquer tout de suite mon dernier prix : ce sera quatre-vingt mille, pas un sou de moins.

— No ! dit l'Anglais.

— Mais j'ai acheté cette maison cent mille francs et il y a moins d'un an, et j'y ai dépensé quinze mille francs pour le chauffage. Le prix que je vous offre est déjà déraisonnable. Vous savez que j'ai besoin de liquidités, il serait cruel de votre part d'insister pour un prix plus bas. Je fais appel au gentleman.

Silence.

Le Français reprend :

— Il n'y a pas de servitude sur cette maison. Elle a appartenu à Corot. La rivière qui passe au fond du jardin est étonnamment poisseuse. Le climat est excellent pour les enfants. Votre femme m'a dit qu'elle trouvait la demeure charmante. C'est un véritable manoir. Allons, soixante-dix mille.

— No ! dit l'Anglais.

— Eh bien, adieu ! dit le Français. Vous manquez une occasion splendide. Je vous aurais cru plus homme d'affaires. Vous exploitez un malheureux ; je vous aurais cru plus sensible. Vous n'avez en somme rien à dire à tous les arguments que je vous ai donnés : cela ressemble à de la stupidité. Soixante-dix mille ?

— No ! dit l'Anglais.

Le Français rassemble ses papiers avec soin, se lève lentement, va vers la porte, l'ouvre, s'arrête un instant et dit :

— Eh bien ! Soixante mille.

— Yes, dit l'Anglais.

***

Il existe deux méthodes de discussion des affaires : la méridionale ou orientale, où l'on craint d'aborder le sujet, où l'on suggère, où l'on recule de deux pas après avoir avancé de trois, où l'on feint, où l'on pare, où l'on parle, où l'on fait parler pendant des heures, des mois, des années ; l'autre est la nordique ou anglo-saxonne, qui va droit au but, en donnant un chiffre et en s'y tenant.

Fleuret italien et boxe anglaise.

Les deux méthodes sont bonnes ; mais il faut employer, dans chaque cas, l'arme de l'adversaire. La finesse ne réussit pas avec le Nordique, ni la simplicité avec le Méditerranéen.

Les comparaisons ne sont pas des raisons ; mais, pour persuader, elles valent souvent mieux.

Pensez toujours que l'homme avec qui vous discutez est plus intelligent que vous, mais qu'il a moins de volonté.

Si l'on vous propose de vendre une chose dont vous n'êtes pas certain qu'elle est de la meilleure qualité, refusez : vous ne sauriez la vendre.

On appelle bon vendeur un homme qui est certain que ce qu'il vend est de la meilleure qualité, *quoi qu'il vende.*

Pas plus qu'il n'est possible d'isoler une partie de l'univers, il n'est possible d'isoler une affaire, une commande, un marché. Une affaire est la conséquence d'un prix, d'un délai, d'une qualité, et en même temps, d'habitudes, de sympathies, d'influences, de vanités, d'espoirs et de craintes. En un mot, c'est une résultante de tout le passé. Il faut tâcher d'avoir le passer pour soi.

Un produit de concurrence tout nu se vend mal; ce qui se vend cher, c'est la boîte faite d'impondérables dans laquelle il est enveloppé.

La sympathie s'attache au vendeur, ou à la maison. Le vendeur l'acquiert par une sincérité complète sur tout ce qui est contrôlable, et une apparence complète de sincérité sur tout ce qui ne l'est pas ; par un sérieux qui n'exclut pas la gaieté, et une facilité naturelle à se trouver les mêmes goûts et les mêmes opinions que le client ; par une fine psychologie qui prévient les désirs de l'interlocuteur ; par l'admiration et par la modestie, tout cela non calculé, mais spontané, inconscient, net et franc.

Au vrai, tout cet effort de définition est vain ; la sympathie du client pour le vendeur vient de ce que le vendeur est sympathique.

L'ouvrier ne vend que son corps ; le technicien ne vend que son cerveau ; le commerçant vend son âme.

On exige des échantillons, on prescrit des essais, on rédige des cahiers des charges compliqués ; on se donne beaucoup de mal, on est fier de soi, et l'on n'a pas ce que l'on désire. On traite sans finesse avec un fournisseur de confiance ; on est tranquille.

L'homme n'a pas tellement d'imagination ; ce qui rend abondant le texte de la plupart des contrats, ce n'est, en général, que l'énumération des difficultés que chaque partie a rencontrées dans l'exécution des contrats précédents. On ne laisse au destin que le choix entre ces difficultés et des difficultés nouvelles ; et, malheureusement, le destin choisit généralement celles-ci.

On appelle cahier des charges un volume destiné à définir une commande, qui est établi par l'acheteur et dans lequel tout est prévu, sauf la bonne foi du vendeur.

Ne croyez pas qu'un homme qui fabrique mal fabriquera bien parce qu'il aura un contrat serré ; ne croyez pas qu'un homme habituellement malhonnête tiendra son engagement parce que vous l'aurez rédigé avec soin. Quand on est honnête et qu'on fabrique bien, la tradition est trop forte ; quand c'est le contraire, la difficulté est trop grande pour qu'on change sa façon de faire à cause d'un contrat.

Un texte est un rempart ; mais c'est un rempart de terre meuble. Il s'effrite avec le temps – et, souvent, s'éboule après l'orage.

Plus un contrat règle d'éventualités prévues, plus il crée de dangers pour le cas où il s'en produit d'imprévues.

Il y a l'honnêteté simple ; elle exige le respect des engagements pris ; elle autorise à profiter de l'ignorance ou des fautes du partenaire au moment de l'engagement : c'est l'honnêteté du boursier, du courtier, du joueur de bridge. Il y a l'honnêteté habile ; elle veut que le partenaire ne puisse vous reprocher d'avoir abusé de son ignorance, elle exige qu'on n'épilogue pas sur les contrats, qu'on tienne largement ses engagements sans exploiter à fond les fautes qui pourraient vous en délier, qu'on acquière et qu'on justifie la confiance du partenaire : c'est l'honnêteté industrielle. Il y a un autre degré dans l'honnêteté : c'est la bêtise.

En affaires comme ailleurs, entre deux solutions qui paraissent indifférentes, c'est le sentiment qui décide. Le déjeuner d'affaires est utile, à cause de la relation qui unit les sentiments et l'estomac.

Ne vous plaignez jamais du client à caractère difficile, car il est la cause de vos progrès. Traitez les autres mieux encore : ils sont la raison de vos bénéfices.

Un marché fondé sur l'idée que le partenaire ne sera pas en mesure de tenir ses engagements est un mauvais marché.

On raconte, en Suisse, l'histoire suivante :

Deux paysans marchaient sur une route, l'un conduisant une vache qu'il ramenait de la foire. L'autre lui dit : « Je ne donnerais pas cent francs de ta vache. »

Un crapaud se traînait sur la route. L'homme à la vache répond : « Je te la donne, si tu manges ce crapaud. »

L'autre fronce le sourcil, regarde la vache, regarde le crapaud, le ramasse, et, avec un haut-le-cœur, en croque la moitié.

L'homme à la vache prend peur voyant déjà sa vache perdue. Mais l'autre n'en peut plus. Il dit, faisant mine de s'attaquer à ce qui restait de la bête immonde : « Si tu manges l'autre moitié, je te rends ta vache. » Le compère saisit l'occasion et avale l'arrière-train.

Alors, le cœur soulevé, ils se regardent tous les deux, et l'un dit : « Pourquoi avons-nous mangé ce crapaud ? »

On appelle, en France, date contractuelle de livraison, une date déterminée de telle façon que le client soit certain de n'être pas encore à ce moment en mesure de recevoir la marchandise et que le fournisseur soit assuré de n'être pas encore à ce moment en mesure de la livrer. Chacun espère, par cette méthode, être prêt en même temps que l'autre. Cette espérance se réalise quelquefois.

On appelle souvent, à l'étranger, date contractuelle de livraison, celle à laquelle le fournisseur et le client comptent pouvoir, l'un livrer, l'autre recevoir la marchandise. Cet espoir est rarement déçu. Le Français, né malin...

Dans l'industrie, et surtout dans le commerce, on n'a pas le droit d'avoir l'esprit de l'escalier.

Mais on s'en tire très bien sans esprit du tout.

Pour vous, l'homme avec qui vous discutez est un client, ou un fournisseur, ou un banquier. Pour lui, il est seulement le centre et la raison d'être du monde. Pensez-y.

La Bruyère disait : « Il faut chercher seulement à penser et à parler juste, sans vouloir amener les autres à notre goût et à notre sentiment : c'est une trop grande entreprise. »

Barenton pensait : « Quand on traite une affaire, il faut seulement vouloir amener l'autre à notre sentiment, sans chercher à parler juste : c'est une entreprise trop dangereuse. »

On rencontre quelquefois dans les affaires des gens qui ne sont pas officiers de la Légion d'honneur. Il ne faut pas les mépriser ; ils le deviendront.

Le client moyen est un homme moyen : il est vaniteux et timoré. Il faut servir sa gloire et apaiser ses craintes.

Évitez ceux qui parlent de leur honnêteté : ils vous roulent. Traitez avec qui se vante d'avoir roulé autrui : c'est qu'il n'en a pas l'habitude.

Méfiez-vous de l'homme qui parle pour ne rien dire. Ou il est stupide et vous perdrez votre temps, ou il est très fort et vous perdrez votre argent.

Si vous voulez observer l'homme avec qui vous traitez sans qu'il puisse vous observer, placez-vous le dos à la fenêtre et faites-le asseoir en face de vous. Si vous craignez les courants d'air, faites l'inverse.

LA CONCURRENCE

La crainte d'être poire
est le commencement de la stupidité.

La concurrence est un alcaloïde ; à dose modérée, c'est un excitant ; à dose massive, un poison.

L'industriel qui se plaint de la concurrence est un enfant qui se plaint de son maître. Il lui reproche de le punir ; il ne mesure pas les progrès qu'il lui doit.

Pour triompher, il faut être en avance d'une heure sur le concurrent et parler une heure après lui.

On a avantage à donner ses chiffres pour obtenir ceux du voisin.

Pour conserver une avance sur votre concurrent, comptez sur votre travail plus que sur le secret de vos méthodes.

Nous nous sentons quelque fraternité avec le Cafre et le Peau-Rouge ; nous éprouvons même de la pitié pour le forçat, puisqu'il est à Cayenne. Mais quelle sympathie pouvons-nous avoir pour notre concurrent, puisqu'il demeure dans le quartier ?

TECHNICIENS ET OUVRIERS

Personne ne croit aux experts,
mais tout le monde les croit.

La chose la plus répandue parmi les techniciens, c'est la conscience professionnelle. On en a trop profité pour les mal payer.

Le personnage essentiel d'une Industrie, c'est le contremaître. Il faut cinq ans pour faire un ouvrier ; dix ans pour faire un ingénieur ; vingt ans pour faire un contremaître.

Ne dites pas : Quand l'ouvrier est trop payé, il boit. Dites : L'homme qui ne peut s'offrir une distraction saine choisit les autres.

Ne dites pas : Il ne faut pas attendre de reconnaissance d'un ouvrier. Dites : Il ne faut attendre de reconnaissance de personne.

Ne dites pas : La conscience professionnelle diminue. Mais si vous le constatez, demandez-vous si ce n'est pas votre faute.

Ne dites pas : L'ouvrier français limite volontairement son rendement et son salaire. Dites : L'homme qu'on habitue à voir son salaire réduit toutes les fois qu'il dépasse un certain chiffre que le patron s'est fixé, renonce à des efforts qu'il sait vains pour un salaire meilleur.

Il est plus difficile de former à faire vite un ouvrier qui fait bien que de former à faire mieux un ouvrier qui fait mal.

Si un homme vous assure qu'il est compétent en quelque chose, soyez sûr qu'il l'est en toutes choses : celui-ci naît compétent, comme celui-là naît timide.

Efforcez-vous de ne jamais embaucher quelqu'un sur des renseignements, si bons qu'ils soient. Engagez-le pour une période d'essai : ce n'est pas au pied du mur qu'on connaît le maçon ; c'est tout en haut.

J'ai souvent vu des techniciens avoir des avis contraires, je n'en ai jamais vu avoir tort.

Il y a trois manières de se ruiner, disait le grand Rothschild : le jeu, les femmes – et les ingénieurs. Les deux premières sont plus agréables – mais la dernière est plus sûre.

Il faut toujours se servir des experts, et prendre leur avis. Mais quand on l'a, on peut le garder pour soi.

Dans toute Industrie, le technicien a une tâche singulièrement difficile : il lui faut lutter avec la matière, et pour cela, la connaître à fond ; les autres ont une tâche impossible : il leur faut connaître les hommes.

INGÉNIEURS-CONSEILS

Prenez un ingénieur-conseil : écoutez-le. S'il vous suggère une solution, demandez-lui ses raisons. Et si elles vous paraissent claires et de bon sens, faites ce qu'il vous dit. Mais si vous ne les comprenez pas, gardez-vous de croire que c'est parce que la technique vous est inaccessible. Et faites ce que vous jugez raisonnable.

Aux objections qui l'embarrassent, Télamon répond par des arguments techniques. Il brandit la technique, il l'agite en s'en couvrant : c'est un bouclier à tête de Méduse, devant quoi la plupart s'arrêtent pétrifiés. Marchez sur lui sans regarder la Gorgone ; vous découvrirez derrière un petit homme tout nu, qui tremble.

Il y a deux méthodes pour l'Ingénieur-conseil : l'une qui consiste à rendre des services, l'autre qui tend à démontrer la nécessité de son intervention. Beaucoup ont commencé par la première, et ont fini par reconnaître qu'ils ne pouvaient compter que sur la seconde.

Ce qui fait la force de l'Ingénieur-conseil, c'est qu'il n'a pas de responsabilité financière ; ce qui fait sa faiblesse, c'est la même chose.

L'ingénieur-conseil se fait par la technique, se maintient par l'honnêteté et se détruit par le bavardage.

Un Ingénieur-conseil qui tient à sa situation ne conseille pas : il déconseille.

Un banquier chargeait un Ingénieur-conseil d'étudier une affaire. « Pourvu », dit-il, « qu'il ne nous revienne pas avec un avis favorable ! »

UN INVENTEUR

C'est un homme qui a des idées. C'est un monstre. Pour lui, l'idée qu'il vient d'avoir, c'est déjà de l'argent, quelquefois aussi de la gloire. Il était pauvre et désintéressé : le voici soudainement propriétaire et avare.

Il faut d'abord qu'il marque sa propriété. Il se hâte, et prend un brevet. L'agent découvre que l'idée est vieille. Qu'importe ? Notre homme a des idées. Il modifiera sa formule, tournera autour du passé, brevètera autre chose, mais il prendra un brevet.

Et le voici qui se précipite chez l'Industriel, pour réaliser sa fortune. L'Industriel écoute, sans confiance : il n'a jamais confiance dans l'inventeur ; il en voit tant. Il fait des objections : cher, difficile à réaliser, pas de marché. L'inventeur a réponse à tout : il a des idées. Il modifiera pour simplifier l'exécution. Il trouve l'application nouvelle qui étendra le marché à toute la population. On lui répond en invoquant l'expérience ; il ne croit pas à l'expérience, mais seulement aux idées. Il inventerait, s'il le fallait, l'Industriel favorable aux inventeurs.

Enfin, l'Industriel (qui n'a toujours pas confiance, mais qui craint de laisser l'idée à d'autres) accepte, et le prend pour conseil en vue de la réalisation. Alors l'inventeur se change en catastrophe ; tous les huit jours, tous les deux jours, toutes les heures, il perfectionne sa machine. On n'arrive pas à fabriquer un échantillon, parce que celui qu'on commence est désuet avant d'être terminé. Une seule fois, on a été sur le point d'aboutir. Mais voilà qu'au cours du travail, il est venu à l'inventeur une idée qui n'a aucun rapport avec la précédente, qui s'adapte à une autre Industrie, et qui est cent fois plus belle. Il abandonne tout et se jette sur sa nouvelle proie.

Tel il va, nourri d'espoirs, enivré d'une fortune immense qui ne se réalisera jamais, jusqu'à ce qu'il finisse par mourir pauvre dans un grenier.

Vingt ans après, quelqu'un a mis au point, sans parler de lui, son idée première qui est devenue la base d'une industrie nouvelle florissante… en Amérique. Un historien tire son nom de l'ombre, l'appelle le Génie Méconnu, et lui fait élever une statue.

C'est toujours ça.

UN EMPLOYÉ D'APPROVISIONNEMENT

C'est un homme aimé, et qui se sait aimé. Les fournisseurs l'adorent, et le lui montrent bien : ils le comblent de mots aimables, d'étrennes, de petits cadeaux pour sa fête (le 2 avril) et pour son anniversaire (le 7 octobre). Et cela est fort désintéressé – car l'employé d'approvisionnement n'a, d'après le règlement, nulle puissance. Il ne décide rien. Il ne signe rien. Son chef, lui, est puissant ; mais son chef n'est pas libre ; car il se sent responsable.

Tandis que l'employé est libre. Il est libre d'indiquer à un visiteur le prix qu'il a lu sur une offre de concurrent, libre d'égarer cette offre, libre de placer en tête du dossier la proposition qu'il juge favorable.

Il n'est pas malhonnête : il ne voudrait pas pour un empire ni même pour un pourboire, commettre une indélicatesse. Mais il est libre. Et quel plus noble usage faire de sa liberté, que de rendre service à ses amis ?

LE JURISTE

Le rôle fondamental du juriste, comme celui de l'avocat, est moins de déterminer si une cause est bonne ou mauvaise, que de découvrir ce qu'il y a de bon dans les plus mauvaises causes.

Le juriste est un technicien : c'est donc un homme qui a raison. La raison s'appelle pour lui le droit. Il a une telle rectitude d'esprit qu'elle rend justes les causes qui ne le sont pas du tout. Deux juristes travaillant pour deux maisons en conflit soutiennent, avec une égale rectitude, deux thèses rigoureusement opposées. Pour être certain que la cause qu'il doit soutenir est juste, le juriste a besoin d'une immense ingéniosité. Le ciel la lui a donnée. Ses arguments sont légion, ses réserves infinies. Il y a, Dieu merci, dans la jurisprudence, assez d'arrêts contradictoires, pour fournir des moyens d'action à qui est habile, travailleur et d'esprit droit. Aussi le juriste est-il indispensable pour préparer une discussion, un contrat, un procès. Il est en état de mener la plus mauvaise cause jusqu'au seuil de la meilleure transaction. Mais là, il s'arrête, renâcle, recule, pétarade, comme l'âne à l'entrée d'un pont. La parole, le fouet, le bâton ne le feront point avancer d'un pas.

Un juriste ne transige pas : il a le droit pour lui. Hâtez-vous de lui retirer l'affaire au moment où elle est au point pour la négociation : il la ruinerait.

On connaît un juriste qui a préparé et mené magistralement la plus belle affaire du monde, et entre les mains de qui on l'a laissée une minute de trop.

Cette affaire-là s'appelait : l'Occupation de la Ruhr.

LA STÉNOGRAPHE

La sténo-dactylo est un instrument à qui on dicte des fautes de français et qui restitue des fautes d'orthographe.

UN MARIN

Il est entré dans la marine par vocation. À six ans, il entraînait sa bonne au jardin des Tuileries pour y faire naviguer de petits bateaux. Ce symptôme parut décisif à ses parents : on parla, dans chaque réunion de famille, de sa passion de la mer. On lui offrit au jour de l'An l'*Histoire de Jean Bart* et *La Frégate l'Incomprise*. On lui découvrit des aptitudes mathématiques. L'univers entier le traitait en marin et admirait déjà son courage. Qui se soustrairait à la gloire si précoce ? Il ne pouvait sans déshonneur éviter d'entrer au Borda. Et puis, il y avait ce charmant uniforme sombre ! Avec quelques efforts de poignet et de rétablissement, il gravit l'échelle de coupée et se retrouva à bord. La vie de marin l'intéressa. Il fallait être bon à tout, bricoler, rafistoler, se débrouiller pour faire marcher des machines récalcitrantes, fabriquer avec des ficelles ce qu'on ne fait à terre qu'avec des rivets, prendre des décisions rapides, naturellement peu réfléchies, mais instinctives – en un mot, naviguer. Il aimait ça, et ne trouvait à la navigation qu'un inconvénient : il avait le mal de mer. Beaucoup de temps libre, des camarades cultivés l'incitèrent à lire, à compléter son éducation. Il le fit comme il le put, lut un peu de tout : la littérature ancienne, et aussi la plus moderne, la métaphysique, la psychologie, l'astronomie, l'économie politique effleurèrent successivement son cerveau. Il acquit ainsi une étonnante aisance à parler de tout sans avoir rien approfondi, à étonner autrui et soi-même par sa faculté de faire n'importe quoi à peu près bien.

Et quand, après sept ans de navigation, dont six s'étaient écoulés dans les ports de guerre, il se maria, il comprit qu'il n'était pas fait pour devenir frégaton et que ses qualités lui assuraient une fortune dans l'industrie. Laquelle ? Cela lui importait peu, puisqu'il était bon à tout. La première qui s'offrit, il se précipita sur elle. En peu de mois, il avait jeté dans une affaire tranquille et prospère l'invention et le désordre. Une seule chose avait échappé à ses lectures : la notion du prix de revient. Ce fut la fée qui rendit vaines les grandes qualités dont les autres l'avaient comblé. Mais elle ne s'était jamais révélée à lui, et il ignora toujours pourquoi des Ingénieurs moins intelligents, moins instruits que lui, et qui n'étaient pas plus travailleurs, trouvèrent le succès là où il ne rencontra que des échecs.

UN MILITAIRE

Tandis que le marin entre dans l'industrie en pleine jeunesse, ce militaire n'y est entré que sa vie finie. Il était sorti de l'École fringant : il s'est, peu à peu, usé, ratatiné. Il est maintenant sec comme une trique. Il avait de la noblesse : une hiérarchie trop précise l'a fait arrogant avec ses inférieurs, humble avec ses supérieurs. Lorsqu'il monta sur la caravelle enchantée, le ciel était pur : il voyait, à l'horizon, scintiller les étoiles de général. L'épouvantable, c'est qu'il les a. Il sait maintenant qu'un général, ce n'est pas un magnifique cavalier qui, dans les revues, devant les tribunes gonflées de femmes enthousiastes, fait de nobles gestes avec une épée à poignée d'or, mais un vieux monsieur à qui on va fendre l'oreille, et qui n'aura plus pour vivre qu'une retraite ridicule.

Alors, il a cherché, âprement. Mais le vieux militaire n'est pas demandé. Il a cru qu'on lui offrirait des présidences de Conseil d'Administration. Mais il n'a de relations que dans l'armée : et puis, les affaires sérieuses n'ont pas besoin d'un képi pour se déguiser, il n'a trouvé que des affaires véreuses à la recherche de la naïveté et de l'uniforme d'un général. Il a refusé. On lui a proposé d'aller aux Colonies ; mais il a trouvé que ce n'était pas la peine d'avoir choisi à Saint-Cyr l'armée métropolitaine pour finir sa vie en Afrique. Il a attendu, attendu, et a fini par accepter la direction du petit personnel dans une grande Banque dont le Directeur était son camarade de lycée. On lui attribuait de la méthode et de l'autorité sur les hommes. Mais pour la première fois, il se trouvait n'avoir pas à faire appliquer un règlement précis, et il ne disposait pas d'une échelle simple de punitions. Il a mis de la sécheresse là où il ne fallait que de la fermeté, de la rigueur là où il aurait fallu un peu d'habileté. Au vrai, il n'a servi à rien. Mais on l'a gardé tout de même, parce qu'il était vieux et incapable de gagner sa vie, et qu'après tout, il ne faisait pas grand mal.

DES ÉCOLES

De quelque façon et par quelque moyen
qu'on décompose une collectivité en groupes
(choix, ancienneté, examens, concours, tirage au sort), dans les divers groupes,
la proportion des imbéciles est la même.

COMMENT FAIRE UN INGÉNIEUR

Prenez un enfant, intelligent si possible, ou, à défaut, travailleur. Enfermez-le dans un lycée. Faites-lui étudier jusqu'à seize ans le latin et le grec, les mathématiques de seize à dix-neuf ans. Évitez les jeux, les sports, les sorties, l'observation de la vie. Introduisez-le alors dans une boîte bien close, un monastère où la conversation ne sera permise que sur l'abstrait, l'infini, l'absolu et l'éternel. Il n'en sortira que le mercredi et le dimanche, dans un costume ridicule, avec une épée et un chapeau de gendarme, de manière qu'on ne le sente qu'il ne se sente pareil à aucun autre. Imposez à sa mémoire un travail formidable, afin qu'il sache toutes les choses dont il n'entendra plus jamais parler les examens finis. Pour le soutenir (car il tombera malade), donnez-lui des réconfortants, de l'iode, du fer et de la lécithine. Comme ses yeux seront usés, mettez-lui un lorgnon. Afin qu'il se rende un compte exact du rôle pratique qu'il jouera, inscrivez sur le fronton de la Maison ces mots : « Pour la Partie, les Sciences et la Gloire. » Et quand il aura, sinon bien compris, du moins bien absorbé tout ce qu'il y a dans la pensée humaine de général, de sec, d'inutile, de vain, de difficile sans délicatesse, de compliqué sans vie véritable, mettez-le dehors, et jetez-le dans l'industrie.

S'il ne réussit pas, c'est qu'il n'y avait vraiment rien à faire.

Un « bottier » est toujours un homme de mémoire, souvent un homme de volonté, quelquefois un homme intelligent, rarement un homme de bon sens.

Avant d'embaucher un Gadzarts, assurez-vous qu'il est intelligent ; un Central, qu'il est modeste ; un Polytechnicien, qu'il a du bon sens.

Une des faiblesses de la haute culture, c'est d'apprendre à chercher la vérité.

De deux hommes qui discutent, si l'un veut convaincre et que l'autre cherche la vérité, le second est perdu.

On disait d'Alcide : c'est un homme intelligent – et il sort de Polytechnique.

Pourquoi, diable, dit Gérard, l'a-t-on laissé sortir ?

Bon sens et logique : un chef.

Bon sens sans logique : un employé.

Logique sans bon sens : une catastrophe. De là, l'échec de beaucoup de Polytechniciens.

Le Gadzarts sait beaucoup et sait qu'il le sait.

L'X ne sait rien et sait qu'il ne sait rien.

Le Central ne sait pas grand-chose et croit qu'il sait tout.

Il suffit d'entrer à Polytechnique. Pour le rang de sortie, inutile de s'en inquiéter, car, quel qu'il soit, la famille, les amis, les connaissances, s'arrangeront pour qu'au bout de quelques années, vous soyez sorti le premier.

INGÉNIEUR D'AUTREFOIS

Il entrait dans une école après un examen difficile, laissant à la porte un grand nombre de candidats ; déjà il se sentait quelqu'un ; sa famille faisait sonner son titre, et les mères amies se pressaient pour lui offrir sournoisement leurs filles. Mais les filles, timides, lui faisaient peur. D'ailleurs, n'ayant pas eu de temps à lui consacrer, il croyait à l'amour. Il préférait attendre l'Heure magnifique.

Il avait connu, chez ses parents, dans les familles de ses camarades, une vie simple, sans éclat, mais sans grands soucis. Fonctionnaires, employés, ouvriers même, attachés à une maison, qui avaient obtenu une bourse grâce à l'appui du patron, ses parents vivaient d'un traitement régulier, croissant avec le temps, par augmentations infimes, dès longtemps escomptées. L'argent, au même titre que la nourriture, lui apparaissait comme une nécessité de l'existence, permettant de satisfaire des besoins, sans grand plaisir. Il n'était encore ni gourmand, ni avide : cela lui viendrait plus tard, vers cinquante ans, quand il aurait compris les difficultés de l'amour et épuisé les joies du métier.

Pour le moment, il entrait dans la vie et dans l'industrie avec enthousiasme, content d'une maigre rémunération, satisfait qu'on nommât son salaire un traitement, heureux de manier des choses, d'agir sur la matière, d'avoir un début d'autorité, de jouer le jeu d'homme. Hors du métier, le bridge au huitième de centime, la lecture, les discussions sur la technique, et le perfectionnement de son éducation lui suffisaient. Il allait au bal, dans l'espoir d'y rencontrer Bérénice ; mais il y mourait d'effroi. Et il commençait courageusement la route sur laquelle il sèmerait, un à un, dans la poussière tourbillonnante de l'action, tous ses rêves…

INGÉNIEUR D'AUJOURD'HUI

On n'a jamais parlé, autour de lui, que d'argent et d'auto. Il est entré dans une école assez facilement, car les candidats sont rares. Il en est sorti plus facilement encore. Jamais l'idée ne l'a quitté que c'était là une étape vers le but : gagner de l'argent et avoir une auto. Mais le métier d'ingénieur ne nourrit guère son homme, s'il n'arrive à percer ; les mères se désintéressent de lui. Ce sont les filles qui l'assaillent depuis le lycée, parce qu'il est assez libre, assez joli garçon, qu'il a l'air dégourdi et qu'il parle d'affaires. Quand il sort de l'école, il a déjà épuisé le jeu des flirts, des caresses permises et des autres. Quelqu'une, plus fine, a guidé ses idées vers le mariage. Pour faire de l'argent, le mariage n'est pas une mauvaise association. Le jeune ingénieur se marie. Et tout de suite, il a besoin de beaucoup plus qu'il ne gagne. Avant de rendre des services, il est mécontent du patron qui ne récompense pas sa valeur. Dès l'abord, la technique lui déplaît : il sait que les services commerciaux sont mieux payés et offrent, avec plus de relations, plus d'occasions de situations brillantes. Il fera tous ses efforts pour entrer dans le corps des commerçants, avant même de connaître le matériel qu'il devra vendre. Et, n'ayant pas l'élan nécessaire, il ne sautera pas la barre et se cassera les reins.

LE
NORMALIEN

LE NORMALIEN

Pourquoi, lui aussi, n'entrerait-il pas dans l'industrie, puisque tout le monde y entre ? Et pourquoi réussirait-il pas, puisqu'il réussit dans le journalisme ?
Il entre dans l'industrie : il n'y réussit pas toujours.
Quelle différence y a-t-il donc entre l'industrie et le journalisme ?

L'AUTODIDACTE

Sachant tout ce que savent ceux qui sortent des écoles, et quaedam alia, ayant, non seulement un cerveau, mais des mains, fort de sa volonté qui renversa les murs de la Jéricho jadis interdite à son ignorance de pauvre, il n'est plus parmi les hommes.

Dieu n'a créé que le ciel et la terre ; l'Autodidacte a fait mieux : il s'est créé lui-même.

COMPTABILITÉ ET STATISTIQUES

Il est doux de médire des comptables :
peut-on leur pardonner d'être indispensables ?

On travaille mal dans une usine où l'on ne voit pas clair, et, pour qu'on y voie clair, il faut un bon éclairage et une bonne comptabilité.

Il y a trois sortes d'êtres au langage mystérieux :
Les plus aisés à comprendre sont les Fous,
Puis viennent les Polytechniciens,
Et enfin les Comptables.

Le comptable n'aime pas les machines à compter. Il croit qu'un comptable doit avoir de l'initiative : il se trompe. Une comptabilité qui demande de l'initiative est une comptabilité mal conçue. Car la chose la plus redoutable, c'est l'imagination ou la fantaisie du comptable.

Le seul homme à qui on demande de l'initiative dans la comptabilité, c'est celui qui est chargé de l'organiser. Et peut-être vaut-il mieux que ce ne soit pas un comptable.

Le comptable se figure qu'il dirige la maison, parce qu'il fait les comptes. Il est probable que le phare qui éclaire la route se figure qu'il conduit l'automobile.

Pour cacher les désordres, on ouvre des comptes spéciaux : on les appelle des comptes d'ordre.

Combien de financiers jugent une affaire industrielle sur son bilan ?

« Regardez ce bilan », *disait-on à M. Barenton,* « et dites-moi si l'affaire est bonne. »

« Je vois », *répondit-il,* « beaucoup de renseignements sur les dimensions du navire, mais il faudrait un banquier pour en déduire l'âge du capitaine. »

Un pays dont les industriels ne se prêtent pas à la statistique est un pays qui n'a pas l'esprit industriel.

Une statistique n'est vraiment intéressante que si le chiffre qu'elle donne est imprévu ; car elle provoque alors une demande d'explication, qui vous apprend quelque chose. Le rôle de la statistique est moins de renseigner que de fixer le renseignement qu'il faut chercher.

Nous ne demandons pas aux statistiques assez de renseignements, et nous exigeons d'elles trop de conclusions.

Il faut prendre garde de changer les bases des statistiques, même quand on en trouve de meilleures. Car la comparaison de deux statistiques établies de la même façon vous apprend toujours quelque chose, tandis qu'une statistique parfaite se tait lorsqu'elle est seule ; comparée à une statistique établie sur d'autres bases, elle ment.

Lemme I. — On fait dire à une statistique ce qu'on veut, à une condition : c'est qu'on évite de dire comment elle est faite.

Lemme II. — On ne demande comment une statistique est faite que lorsqu'elle prouve autre chose que ce qu'on désire.

D'où

Théorème. — Quand vous désirez qu'une statistique vous renseigne, cachez soigneusement ce que vous voudriez qu'elle prouve. Car si on le sait, elle le prouvera et, puisqu'elle le prouvera, vous oublierez de demander comment on l'a faite.

PUBLICITÉ

La bonne publicité est
une suite d'idées de génie.

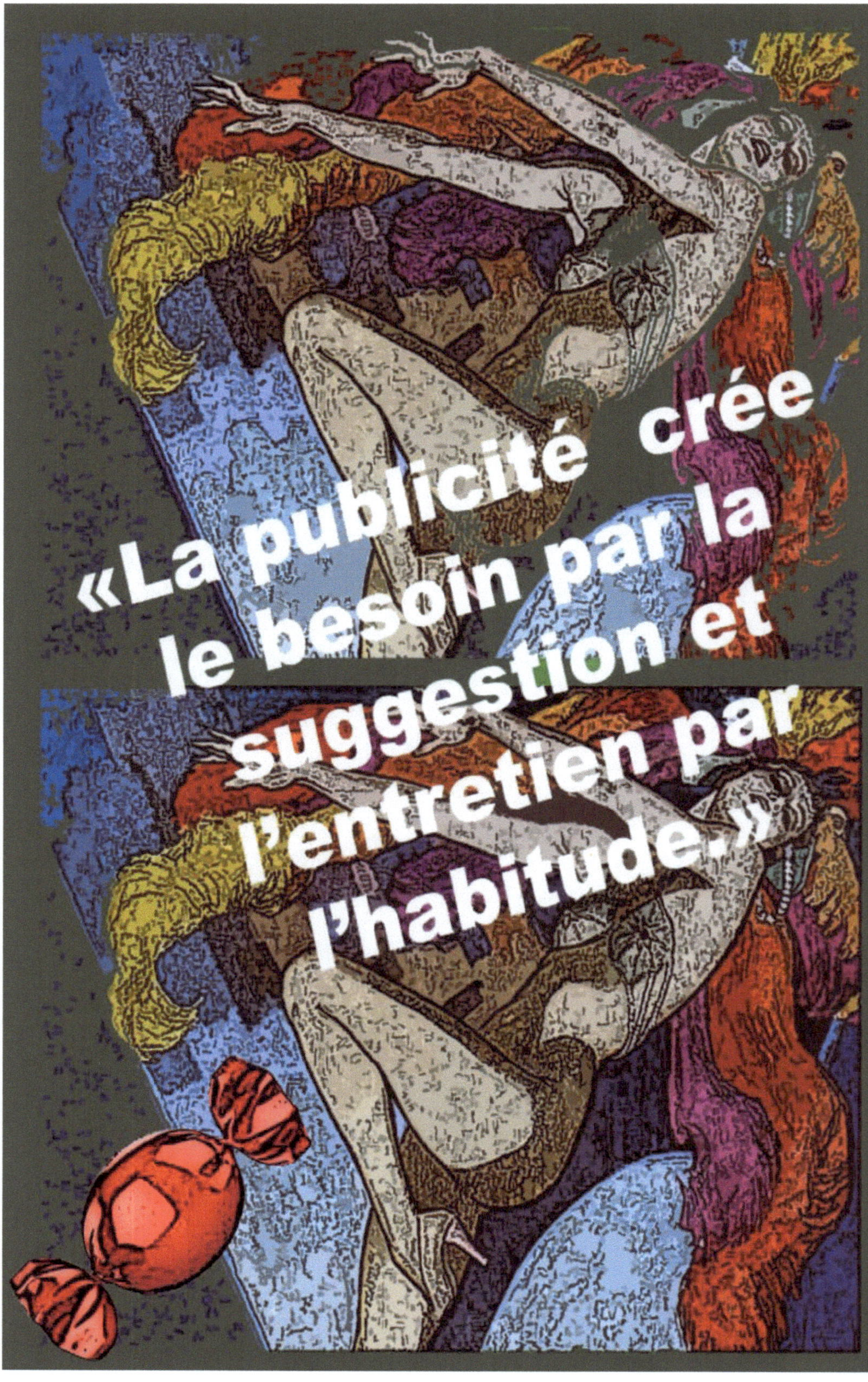
«La publicité crée
le besoin par la
suggestion et
l'entretien par
l'habitude.»

La publicité de masse est la plus éclatante démonstration de l'illusion que l'homme a d'être libre.

L'industrie n'en est plus à satisfaire des besoins existants : il lui faut créer les besoins qu'elle satisfera. Imitons le cuisinier ; il a commencé à faire la cuisine pour donner à manger à ceux qui ont faim. Il a fini par la faire de manière à donner envie de manger à ceux qui n'ont pas d'appétit.

Faire, sans faire savoir, ce n'est rien. L'industriel doit veiller aux critiques, se corriger si elles sont justes, les redresser si elles sont fausses : Bien faire et ne pas laisser dire.

La publicité s'impose ou n'est pas. On ne réussit pas auprès de la foule par la discrétion et le marivaudage. La publicité, c'est le viol.

Une mauvaise publicité pour vendre un bon produit : de l'argent gâché.

Une bonne publicité pour vendre un mauvais produit : de l'argent fichu.

Un produit dont on a remarqué depuis longtemps la publicité est un bon produit ; car s'il ne l'était pas, depuis longtemps la publicité aurait cessé.

La publicité crée le besoin par la suggestion et l'entretient par l'habitude.

Neuf cent quatre-vingt-dix-neuf sur mille des actions humaines s'expliquent par l'intérêt, la vanité ou l'irréflexion. Ce sont les trois fondements de la publicité ; car le millième client qui est désintéressé, modeste et réfléchi, peut, sans dommage, être laissé de côté.

Si vous ne voulez vendre qu'à quelques privilégiés, fondez votre publicité sur la vanité ; si vous désirez vendre à un plus grand nombre, fondez-la sur l'intérêt ; si votre but est que tout le monde soit votre client, dites ce que vous voudrez de votre produit, mais parlez-en assez pour que chacun l'achète, sans même penser qu'il l'a choisi.

LE CHEF

De toutes les formes de l'esclavage,
la plus étroite est celle de Maître.

PENSEZ VITE
PARLEZ LENTEMENT

Il est assis. L'esprit seul bouge. Ainsi Dieu le Père.

C'est un bureau sans faste, sans éclat – et sage – non pas confortable, comme l'aiment les Anglo-Saxons – seulement commode, aidé, médiocre, et français. Lui, énorme, les viscères empilés dans un fauteuil un peu trop petit – menton pesant, nez de maître, mais que noie la graisse des pommettes – des yeux gris, étroits orifices par où jaillit l'intelligence, la bouche fine et nette, qui veut.

Il est le centre ; autour, des hommes, des intérêts, des espoirs gravitent. Lui ne bouge pas, il pense. Il pense sur les mêmes choses, vastes (parce qu'elles sont plus que ne mènerait qui ne serait qu'un homme), étroites (car hors de ces choses, il n'y a plus rien pour lui). Il s'est fait, comme Jéhovah, un univers dont il règle les lois. Les autres ne le touchent que s'ils rencontrent le sien, et par le seul trouble qu'ils y peuvent jeter. Mais son univers n'est point fini : il grandit sans cesse.

Assis, il reçoit des papiers et des hommes. Il aime mieux les papiers. Ce qui est écrit demeure, et peut être reproché, et il sait que, hors lui, les hommes n'ont pas de précision, et que tout ce qu'ils disent a plusieurs sens.

Vis-à-vis d'eux, il est honnête homme. Si l'on entre, péniblement il se lève, et fait trois pas vers eux. S'étant rassis, il sait ce qu'il a concédé à la vie sociale, et s'assure le droit d'être maintenant brutal, s'il est utile.

Sa pensée pourtant n'est pas brutale : elle est fine, modelée, teintée de nuances, et ne heurte que par nécessité. La nécessité, c'est la rencontre d'une résistance à ce qu'il a délibérée – car il a suffisamment délibéré avec soi pour n'avoir plus besoin de l'obstination d'autrui.

Mais si, dans la rencontre avec un autre univers, il faut manœuvrer, persuader, emporter une conviction, alors que d'adresse, que de finesse dans la pensée, que d'exactitude dans les termes, que de force dans la conclusion !

Il a l'Autorité. Non pas seulement parce qu'il figure la puissance, non parce qu'on le croit redoutable ni méchant. Mais il y a, dans ce qu'il dit, une telle perfection sans recherche de la perfection – une telle vigueur de pensée sans effort pour être vigoureux, il est à ce point Maître de la vérité que chacun incline devant la sienne sa pauvre vérité à lui.

C'est le Chef.

***

Il faut choisir de faire peur à tout le monde ou de ne faire peur à personne ; le second choix est le seul à la portée de tous. Si vous n'êtes pas assuré d'avoir du génie, tenez-vous-y.

L'homme qui fuit les responsabilités fera peut-être une fortune ; il ne fera jamais une œuvre.

Pensez vite et parlez lentement. Le poids des mots est directement proportionnel à leur durée.

Pour diriger, il faut connaître les hommes. Pour connaître les hommes, il faut les écouter.

Mauvais ouvrier n'a jamais trouvé bon outil. Mauvais patron n'a jamais trouvé bon ouvrier.

Lorsque plusieurs questions urgentes se présentent à la fois, choisissez la plus embêtante : c'est certainement la plus pressée.

Il y a le chef à qui on annonce que les bonnes nouvelles, et le chef à qui on n'apporte guère que les embêtements : le second est un homme heureux.

Ayez de la bonne humeur. L'idée, c'est la semence : le travail la fait lever ; mais la bonne humeur, c'est le soleil qui la fait mûrir.

Un chef doit être parfois de mauvaise humeur. Mais sans bonne humeur, il n'aura pas d'amis. Et comment voulez-vous qu'il ait des collaborateurs ?

On peut se servir de la théorie pour choisir l'acte qu'on va accomplir : c'est la sottise. On peut aussi s'en servir pour justifier l'acte qu'on a accompli : c'est de l'habileté.

Il n'est pas difficile dans une industrie de faire le nécessaire ; mais c'est en faisant le superflu qu'on gagne de l'argent.

Traitez les hommes comme des machines, ils rendent le nécessaire ; traitez-les comme des hommes, peut-être en obtiendrez-vous le superflu.

Beaucoup de médiocres réussissent. La médiocrité rassure.

Si vous voulez qu'un de vos seconds soit un Chef, ne le traitez pas en esclave.

Évitez de promettre des résultats. S'il faut en promettre, restez en deçà de ce que vous jugez assuré. On ne vous en voudra pas d'apporter plus que vous n'avez promis ; on ne vous pardonnera jamais de n'avoir pas donné ce que vous annonciez.

La décision qu'on prend est de peu d'importance : l'important, c'est de s'y tenir.

Il ne faut pas dire : « J'ai le temps », quand une affaire se présente.

Il n'y a pas d'affaires urgentes, disait Le Play, il n'y a que des affaires en retard.

Il ne faut pas non plus bâcler les affaires sous prétexte d'urgence.

Il n'y a pas d'affaires urgentes, disait un autre, il n'y a que des gens pressés.

Quand on m'apporte une affaire urgente, disait un troisième, je la laisse dormir huit jours. – Et au bout de huit jours ? – Au bout de huit jours, elle a cessé d'être urgente.

Un dirigeant de société, causant avec des personnes étrangères à la société, ne doit pas dire : « Je », mais « Nous ». Car une des forces de la société vis-à-vis des tiers est d'être un groupe.

Un dirigeant de société causant avec ses subordonnés ne doit pas dire : « Nous », mais « Je ». Car une des forces de la société vis-à-vis d'elle-même est d'avoir un chef.

***

Parlez peu, après les autres, et que ce soit pour dire quelque chose.

Si vous avez des doutes sur la façon dont vous devez juger un homme, invitez-le chez vous et fiez-vous à ce que vous en dira votre femme.

Mais si votre femme connaît sa femme, ne vous y fiez plus.

***

L'autorité n'appartient pas au titre, mais à l'homme. Quand un Chef vous demande un titre plus sonore pour acquérir de l'autorité, refusez-le-lui et, si vous le pouvez, ôtez-lui ses fonctions : il ne commandera jamais.

Un homme d'affaires ne se laisse pas apitoyer ; mais il arrive qu'il utilise une attitude : l'attendrissement.

Un homme d'affaires ne se met pas en colère, mais il arrive qu'il utilise une attitude : l'indignation.

Une des erreurs que peut commettre un chef d'entreprise, c'est de se croire le seigneur de l'affaire qu'il dirige.

Qui craint d'avoir des collaborateurs éminents n'est pas un Chef.

Évitez de penser que vous êtes arrivé. Car de là à croire que « c'est arrivé », il n'y a qu'un pas.

Le génie industriel est une vue synthétique de l'avenir, construite avec des morceaux du passé. Il n'est pas purement rationnel ; s'il l'était, tous les techniciens auraient du génie. Les éléments sont connus, étudiés, mesurés par la raison ; mais la synthèse diffère autant de la somme arithmétique, algébrique ou géométrique de ces éléments qu'une combinaison chimique diffère d'un mélange. Elle comporte je ne sais quoi qui ne se trouve dans aucun des éléments, qui naît de leur union dans la conscience, et qu'aperçoit l'intuition.

Parce qu'il y a de l'intuition dans le génie, certains industriels croient que le génie n'est qu'intuition ; ils pressentent, sans avoir étudié, osent, sans avoir mesuré, décident, sans connaître. Ils ont confondu le génie, qui est rare, avec le culot, qui ne manque pas.

Pour réussir, soyez prudent, mais audacieux. Travaillez énormément, mais en gardant l'esprit libre. Veillez à tout, mais en laissant à chacun sa responsabilité. Soyez économe, mais sachez dépenser. Ayez de l'intelligence, mais que le voisin n'en soit pas écrasé. Soyez fort et ne faites peur à personne. Soyez droit et confiant, mais pensez que le voisin ne l'est pas toujours. Si vous vous sentez capable de tout cela, essayez ; sinon, essayez quand même, et si vous réussissez, tout le reste vous sera donné par surcroît.

On n'enseigne pas à réussir. Réussir est un art ; comme tous les arts, il suppose des dons.

On apprend une technique ; on n'apprend pas à être un grand peintre.

VOICI POURTANT DIVERSES MANIÈRES DE RÉUSSIR

1) Succéder à quelqu'un qui n'a pas réussi, qui était sur le point de sortir de difficulté, mais dont on s'est séparé parce que ça durait trop longtemps.

2) Rester muet. S'il est nécessaire de manifester un avis, opiner du bonnet de manière à n'être aperçu que de celui qui parle. S'il faut donner un conseil, exposer rapidement les inconvénients des deux solutions possibles. Laisser aller, attendre et voir ; quand on a vu, attendre encore. Éviter les responsabilités. Surveiller sa trésorerie. Faire refuser par ses inférieurs, ou, si on le peut, par ses supérieurs. Se charger des nouvelles agréables. Réussir.

3) Parler peu, mais ne pas laisser passer une discussion sans intervenir. Prendre la parole au moment où chacun est là, pour emporter la décision. Se créer ainsi une réputation d'autorité. Prendre alors le ton de l'autorité. Se faire craindre. Ne jamais menacer, mais laisser entendre qu'on pourrait le faire, et qu'on préfère se réserver d'agir si on n'a pas satisfaction. Se montrer peu. Être d'un abord difficile. Éloigner les confidences et, du coup, les requêtes. Dominer. Réussir.

4) Parler beaucoup ; être bon garçon ; donner son avis sans paraître y attacher trop d'importance. Être conciliant, serviable. Accueillir tout le monde. Donner, quand cela ne coûte rien, des satisfactions, et le raconter. Dans les autres cas, donner de bonnes paroles. Ne pas hésiter à recommander des protégés, à demander un service pour louer qui l'a rendu et s'en faire ainsi un ami. Déjeuner en ville, et même prendre des apéritifs d'affaires. Conserver son sang-froid avec des commensaux un peu gris. Sourire. Réussir.

5) Travailler, travailler, travailler, et, quand on a fait une œuvre, s'apercevoir en même temps que les autres qu'on a réussi.

6) Avoir réussi.

CONDUITE D'UNE ENTREPRISE

On a souvent plus de peine à persuader
ses inférieurs qu'à convaincre ses supérieurs.
Il est vrai qu'on s'y donne moins de mal.

Une Société ne marche pas avec des règlements établis une fois pour toutes : c'est une création incessante. Si le monde marche mal, c'est que Dieu, après qu'il eut créé le monde et fixé ses lois, a cru qu'il pouvait se reposer.

Cet éternel enfantement qu'est une affaire comporte, avec tous les tourments, toutes les joies de la création : l'espoir, le regret, le remords même, la tendresse, l'amour, l'orgueil. Le créateur finit par n'être plus qu'une dépendance de la chose créée, par ne vivre que d'elle et que pour elle. Quand il vieillit, les enfants de sa chair se sont détachés de lui à mesure qu'ils grandissaient : leur personnalité se sépare de la sienne. Cependant, l'affaire est demeurée identique à lui-même ; ils sont moulés l'un sur l'autre. Leurs deux âmes, jusqu'à son dernier moment, n'en font qu'une. Et la durée de l'affaire est son éternité à lui.

Un homme mène l'industrie. Mais, à peu près comme il mène sa femme, en la suivant. Il lui faut ne pas s'entêter à la mener où il veut, mais seulement à l'aider à aller où son tempérament la porte.

Une affaire est un maître qui domine son Chef. Comme on ne peut servir qu'un maître, on en peut servir qu'une affaire.

Si forte est sa personnalité qu'elle étouffe tout. Mais comme il ne faut pas que la forêt empêche de voir les arbres, il ne faut pas que l'affaire empêche de voir les actionnaires.

On est sûr qu'une maison marche bien du jour où chacun de ceux qui y sont employés raconte à ses amis que c'est lui qui la fait marcher.

Les hommes jugent avec ce qu'ils savent du passé. La réputation industrielle se fait et se défait lentement. Il y a des gens qui jugent une Maison sur une fourniture manquée il y a vingt ans.

Ce que vend l'industriel, c'est de la durée. Ce sont des heures d'ouvriers, de contremaîtres, d'ingénieurs, de chauffage, d'éclairage, d'outils, de bâtiments, de pensée. Gagner du temps, c'est tout gagner. Ne dites pas seulement : « Le temps, c'est de l'argent », dites : « L'argent, ce n'est que du temps. »

Si une discussion est entamée par correspondance, la question doit être réglée du premier coup. Si elle ne l'est pas, prenez le train, vous y gagnerez.

Le plus généralement, un produit qu'on fabrique en un mois n'exige qu'un jour de travail véritable. Le reste est préparation, circulation ou stagnation de papiers, retards de fournisseurs, défaut de coordination du travail ; la surface d'une usine est souvent proportionnelle au temps qu'on y perd.

Il n'y a pas d'un côté les recettes et de l'autre les dépenses. Il y a d'un côté les recettes et les dépenses utiles, et de l'autre les dépenses inutiles.

Savoir économiser, mais savoir dépenser.

Contrairement à une opinion répandue, on fait quelquefois trop grand. Il faut faire juste, mais en ménageant tout pour agrandir, le moment venu.

On se borne l'avenir en faisant trop large, aussi bien qu'en faisant trop étroit.

Association : mariage. On commence par se faire des concessions. On finit par se faire des sacrifices.

Le calcul montre toujours qu'une affaire est bonne : le difficile est de choisir celle qui rapportera.

Il y a peu d'affaires qui ne soient pas bonnes quand elles ont un homme à leur tête ; mais il y a peu d'affaires qui aient à leur tête un homme.

Il n'y a que de petites économies : c'est le total qui est gros.

La nature ne fait pas de bonds ; l'industrie non plus.

Concentration verticale : une tour.

Concentration horizontale : un grand rez-de-chaussée.

Immobiliser, c'est transformer du souple et du mobile en du constant et de l'inerte.

Immobiliser, c'est tuer quelque chose. Il est vrai que la vie est faite de meurtres, mais il faut toujours réfléchir deux fois avant d'assassiner.

N'oubliez pas que le but dans lequel une société anonyme a été fondée est le plus souvent de gagner de l'argent.

Chercher le prestige, c'est fuir l'argent.

Évitez que votre personnel ne passe son temps à rendre compte des choses qu'il aurait pu faire, s'il n'avait pas été obligé de rendre compte.

Que l'ouvrier pense à son travail,
le contremaître, au travail du lendemain,
le chef d'atelier, à celui du mois suivant,
le chef de service, à l'année qui vient,
le directeur, à ce qu'on fera dans cinq ans.

Un bon chef de service doit savoir :

1. Tout ce qui se passe dans son service ;
2. Tout ce qui se passe d'important dans le reste de la Maison.

La première condition dépend de lui ; la seconde, du Directeur.

Le chef doit insuffler en ses subordonnés l'orgueil de la Maison, car l'âme d'une Maison est faite d'orgueil. Il doit lui-même avoir la modestie de la Maison, car le progrès d'une Maison est fait de modestie.

Pour établir l'esprit de solidarité dans la Maison, bannissez-en la politique et les questions religieuses. Que la devise soit : « Chacun pour tous et Dieu pour soi. »

Le contact entre les hommes est un des fondements de l'industrie.

Les économies de voyage sont de mauvaises économies. Un ingénieur qu'on laisse dépenser librement dans ses voyages, voyage peut-être d'abord pour le plaisir. Au bout de peu de temps, il est repu et ne voyage plus que par nécessité. Laissez-le voyager, comme le pâtissier laisse le mitron manger des gâteaux, pour le rassasier.

Il est bon que le subordonné dise un peu de mal de ses chefs : c'est une marque d'intérêt à l'affaire. Il est mauvais qu'il en dise trop : c'est une marque de découragement.

Laissez rire. Aimez qu'on rie. Il faut travailler dans la joie. Sur chaque porte du grand laboratoire de la General Electric C°, le plus puissant laboratoire industriel du monde, on trouve ces mots : « Keep smiling » – « Ayez le sourire… »

Essayez d'enfoncer dans la tête de vos ingénieurs cette idée : quand un client se plaint, il y a quatre-vingt-dix-neuf chances sur cent pour qu'il ait raison. Et si un jour vous parvenez à les convaincre, il y aura quatre-vingt-dix-neuf chances sur cent pour que les clients ne se plaignent plus.

Le principe de la méthode Taylor, c'est que le rendement de l'ouvrier ne dépend pas de l'ouvrier, mais du patron. Thèse qui fut un jour révolutionnaire.

Ne faites entrer dans vos cadres que des hommes vis-à-vis desquels vous êtes entièrement libre ; n'embauchez jamais quelqu'un si vous n'êtes assuré de pouvoir vous en séparer le moment venu.

Avez-vous votre liberté vis-à-vis des membres de votre famille ? Non, n'est-ce pas ? Alors, placez-les ailleurs.

Mettre chacun à sa place, c'est donner à chacun le métier qu'il aime : on n'aime jamais le métier qu'on fait mal.

Il est heureux que la proportion des gens intelligents soit faible ; si tous l'étaient, rien ne serait plus possible.

L'homme ne se nourrit pas seulement de pain ; il faut donner à ceux qu'on emploie un salaire et un idéal.

Mais l'homme se nourrit d'abord de pain ; il ne faut pas oublier le salaire, sous le prétexte qu'on fournit l'idéal.

Pour que vos employés s'entendent, arrangez-vous pour que leurs femmes s'ignorent.

Les hommes d'aujourd'hui ne se soumettent plus à un homme, mais à une œuvre.

Si la première initiative d'un collaborateur est malheureuse, félicitez-le d'avoir osé ; si la seconde l'est aussi, invitez-le à réfléchir avant d'agir ; mais si la troisième initiative l'est encore, prenez vous-même celle de lui ôter son poste.

Un homme ne commence à savoir si on l'a bien ou mal traité que lorsqu'il sait comment on a traité son voisin.

Il arrive qu'un employé ignore le traitement de son voisin, mais sa femme le connaît toujours.

Si vous voulez qu'un homme vous consacre tout son temps, préférez un homme marié à un célibataire. Car le premier peut s'employer uniquement à gagner de l'argent, puisque sa femme se charge de le dépenser. Tandis que le célibataire, obligé de tout faire par lui-même, doit répartir son activité entre le gain et la dépense.

L'idée est peu : la volonté est tout. Des idées ? On en trouve tant qu'on en veut, plus qu'on n'en veut.

En France, tout le monde en crée, en transporte, en offre à qui en a besoin et à qui n'en a cure. Des volontés, depuis Diogène, on n'en a pas trouvé beaucoup.

Ce n'est pas avec de bonnes idées, c'est avec de bonnes habitudes qu'on fait de bonnes maisons. L'idée accomplit un centième de la tâche ; mais c'est l'habitude qui se charge des quatre-vingt-dix-neuf autres.

DES IDÉES

J'ai souvent médit des idées, disait M. Barenton. J'ai proposé au Français d'en avoir moins, ou de faire moins de cas de celles qu'il a. Ne vous y trompez pas. J'adore les idées, mais je ne crois pas bon qu'on en change trop souvent.

On aimerait à croire que c'est dans les pays à imagination lente que l'idée est le mieux reçue, comme une richesse dont on manque. Il n'en est pas ainsi : saisir promptement, découvrir d'un coup les parentés, l'hérédité et la filiation d'une idée, c'est une volupté propre aux esprits vifs. Joie qui n'est pas fort éloignée du plaisir qu'on éprouve en écoutant un mot d'esprit. Plus qu'un autre, le Français s'y complaît.

Mais comme on épuise vite le plaisir d'un mot drôle, aussi s'éteint l'enthousiasme de l'esprit prompt pour une idée. Nous passons de l'une à l'autre avec ce que l'étranger nomme la légèreté française, et qui n'est peut-être que la rapidité d'assimilation. Le vol de la mouche se brise à chaque instant. Sans doute ; grâce à ses yeux à facettes, ce qui est derrière elle l'intéresse-t-il tout autant que ce qui l'attirait l'instant d'avant.

On émet, on examine, on discute, on repousse en France plus d'idées que partout au monde. Mais, grâce à Dieu, sous le vol agité des imaginations chemine le robuste sens pratique du paysan, prudent et lent, qui, sans quitter le bon chemin, finit par monter tant bien que mal les côtes les plus rudes. Le coche peine, avance, mais la mouche bourdonne et s'agite si fort qu'on ne parle que de la mouche. C'est d'elle seule que j'ai médit.

Pas de pétrole et trop d'idées ?
C'est normal, vous êtes Français !

HEUREUSE PERMANENCE DE LA ROUTINE

La sauvegarde de l'industrie d'autrefois, c'était la tradition, que les hommes de progrès aiment appeler routine. Jadis, l'atelier fabriquait, durant une génération, parfois durant un siècle, le même sabot, le même drap, la même faucille. Découvrir et garder le bon ouvrier, choisir et bien acheter la matière première, éviter le gaspillage, surveiller, telle était la tâche du patron, rude, mais simple et fixe. Nulle constante aujourd'hui. Chaque année, dans toute industrie, c'est un produit nouveau qui apparaît, ou tel procédé de fabrication qui change, ou quelque matière première qui doit disparaître devant une autre, meilleure ou moins coûteuse, ou quelque méthode de vente qui se met en marche et qui vous tuera si vous ne la suivez. À l'effort ancien pour la bonne fabrication, pour la tenue stricte des engagements pris, s'ajoute dans l'industrie moderne un effort sans relâche vers le plus et le mieux. Perpétuelle étude. Incessante transformation. Tradition est donc éteinte ? Routine est donc morte ? Non pas.

Quand on lance un nouveau mode de fabrication qui doit diminuer de moitié le temps employé à un travail, les premiers essais qu'on en fait sont généralement désastreux : au lieu d'être moitié, le temps passé est double de celui qu'on voulait réduire. On ne se décourage pas : on sait qu'il en doit être ainsi. Il y a des causes visibles de l'insuccès : on les corrige. Mais cela ne suffit pas. Car il y a les causes invisibles. Il y a les mille petits détails qui sont de la pratique de tous les jours : le tour de main, l'habitude, les corrections inconscientes que l'homme qui travaille apporte à sa façon de travailler, simplement parce que ses muscles s'assouplissent à des mouvements nouveaux, que ses nerfs réagissent plus vite, que ce qui était réfléchi devient réflexe. De même qu'il n'est pas d'exemple qu'un homme de sport se révèle au premier jour bon joueur de tennis ou bon joueur de golf, il n'est pas d'exemple d'ouvrier – même excellent – qui, du premier coup, exécute un travail dans le temps qui, deux mois plus tard, lui suffira.

Peu à peu, l'ouvrier se crée une routine, et aussi le contremaître qui aura, si des départs se produisent, à former des remplaçants, et qui doit organiser la répartition de son travail au mieux des qualités de ses hommes et des outils dont ils disposent ; l'ingénieur, mis en présence de problèmes inconnus, ne trouvera rapidement l'issue des difficultés de chaque jour qu'après en avoir fait le tour : il est, lui aussi, entré dans un nouveau métier dont il doit acquérir l'expérience ; il sera maître de sa tâche le jour seulement où il n'aura pour ainsi dire plus besoin de réfléchir pour trouver la cause de l'incident quotidien, le jour où il sentira le mal et appliquera automatiquement le remède.

Pour chacun, connaître son nouveau métier, c'est avoir fait passer du conscient dans l'inconscient ce qu'on a observé ou appris, c'est ne plus sentir de réactions internes. L'acte glisse à travers le corps, comme un fluide, sans qu'on s'en aperçoive. On est, suivant une expression frappante, « à la coule ». Réflexion, attention, observation, on a tout transformé en routine. Le progrès consiste à créer des routines nouvelles et à les créer vite, *afin qu'on puisse en changer souvent.*

Il fallait autrefois dix ans et le tour de France pour former un compagnon. Il faut maintenant six mois pour former un ouvrier de grande série. Parfois, deux mois suffisent. Mais on ne fait rien que lorsque la formation est achevée, lorsque la routine est établie et a pris sa place : celle qui convient à la Reine.

Hélas ! Comme la reine de la ruche, si la routine est la seule féconde, elle est aussi la paresseuse, parce qu'elle est l'habitude.

Et lorsqu'il s'agit, un an plus tard, de changer à nouveau, d'abandonner la routine ancienne pour en établir une neuve, c'est une belle lutte entre le progrès qui a pour lui la Raison, et la vieille routine qui a pour elle la Loi, la Loi du moindre effort. Le souvenir de cette lutte, éternellement recommençante, fait qu'à chaque révolution victorieuse, le progrès se figure d'avoir tué la routine, alors qu'il a, simplement détrôné la vieille pour mettre la jeune à sa place.

La Reine est morte ! Vive la Reine !

OBSERVATION GÉNÉRALE ET DÉFINITIVE

Un véritable homme d’affaires ne perd pas son temps à écrire des pensées sur les affaires.

APPENDICE

STANDARDS

On entend un grand brouhaha. Protestations, fureurs, ironies, sifflets. Et, piteusement, s'enfuit ce petit homme qui osait prôner les méthodes d'Amérique, parler d'unifier pour produire à plus bas prix, et pour améliorer le confort de la foule.

Sur l'estrade, un homme est debout, décoré. Il dit : « Mes chers amis, on veut déshonorer la France. Tout ce qui fait le prix de notre pays, tout ce qui lui donne charme et douceur, on s'efforce de le ruiner. Notre délicieux individualisme, cette séduisante personnalité qui transforme en petite œuvre d'art chacun de nos actes, cette diversité merveilleuse qui multiplie dans nos paysages, dans la parure de nos femmes, dans la décoration de nos maisons, les plaisirs humains, ne seront plus bientôt, si on les écoute, qu'un peu d'histoire perdue dans les mémoires de quelques vieillards désolés. La barbarie du Nord, comme une marée sans reflux, aura tout submergé. Haut sur notre sol, tu seras planté, Standard, étendard de l'ennui. »

Et des milliers de mains levées au-dessus de la foule dense battaient comme des ailes, et dix mille bouches hurlaient d'enthousiasme.

Le petit homme s'en était allé, tout seul. Il arriva auprès d'un ruisseau, où trempaient des roseaux et de grandes consoudes larges. Entre deux saules, il s'assit, mit son chapeau par terre, et regarda l'eau couler, claire et lente. Il pensait : Ils ont raison de se défendre, car ce qu'ils maintiennent est beau et vaut qu'on s'y sacrifie : ils sauvent leur âme. L'âme de la France est touchante et douce, et m'émeut aussi. Mais leur défense est sans objet ; ils sont les mouches du coche de la Beauté, qui montera, avec ou sans leur bourdonnement, la côte éternelle.

Ils ont peur. Standards : c'est pour eux l'Amérique tout entière, et l'uniformité pesant sur toutes choses – une crainte ? Deux craintes qu'ils confondent. L'Amérique est laide, oui, sans art, oui, sans joies d'esprit, oui ; mais comment serait-elle autre ? Faite de ceux qui étaient trop malheureux pour avoir un pays, trop pauvres pour avoir une culture, trop ardents à l'action pour goûter la pensée, il fallait qu'elle devînt ce qu'elle est. Ils ont tué toute poésie, toute originalité, en faisant mourir l'Indien et en coupant la forêt. Et cela avant le standard. Ils n'ont appris qu'un Dieu : celui qu'ils allaient chercher dans les mines de l'Ouest. Leur or et la nécessité ont créé le standard : il est le fils, non le père.

Ce n'est pas le standard qui a enlaidi l'Amérique, c'est l'Amérique qui a enlaidi le standard. Lui, au contraire, par sa propre force, devient beau : la voiture, la machine à écrire, la machine-outil, le frigorifique, l'appareil de T. S. F. sont beaux. Le sky-scraper, qui est l'immeuble rationnel des cités, est beau, lui aussi.

Il songea : Peut-être, dites-vous, le standard atteint-il à quelque harmonie par la justesse des lignes ; mais il est l'uniformité, la banalité et l'ennui.

Voilà le mensonge, l'horrible mensonge : peut-être parce qu'on a longtemps confondu art et travail, art et richesse, peut-être parce que la machine a d'abord été employée à imiter médiocrement les œuvres humaines, peut-être parce que la diminution du prix rend les choses accessibles à tous et par là les banalise, on veut croire ou l'on croit à la laideur de l'identique ; mais, dans bien des cas, l'uniformité est beauté. Le régiment qui passe est émouvant d'identité. Et quel goût, chez nous, jusqu'à ces derniers jours, pour ce qu'on appelle de façon si précise : l'uniforme ! Amour du Standard, tu es en nous. Qui songera jamais à se plaindre de l'identité des gondoles de Venise, puisque chacune d'elles est de forme caressante et qu'elle évoque la volupté ? Qui méprise les régulières ordonnances de notre XVIIe siècle, la roideur des jardins français, et cette standardisation qui fait de tous les arbres des ornements égaux, disciplinés par une commune volonté ? Il y a une beauté de la discipline que nous avons comprise, au moment où la France avait le culte de la Raison et n'était pas tombée dans le fétichisme du raisonnement.

Place Vendôme, Place des Vosges, Place d'Arras défunte : standards. Et oseriez-vous dire que le temple grec n'est pas standardisé, ou qu'il est laid ?

Ainsi le standard n'apporte la laideur que si l'unité même est laide. Et le standard moderne doit être beau. Il doit être beau parce que la raison même de son succès est qu'il soit bien étudié, rationnel et adapté. Et c'est là la règle même de beauté, le canon des œuvres d'usage. Mais à supposer qu'il ne soit pas plaisant à voir : alors il guérit de lui-même sa laideur, car il devient invisible. Notre attention ne s'arrête qu'à ce qui sort de l'habituel. Le cerveau est trop bien ordonné pour que sa conscience s'attache au constant. Elle laisse ses innombrables subordonnés, les réflexes, se charger de la vie de tous les jours, sans improviser. Elle ne s'occupe que du nouveau, qui appelle une réaction calculée. Le standard, par cela même qu'il est la règle, échappe à notre attention. Nous sommes frappés de ce que les Américains portent le même chapeau, pour cette seule raison que nous n'avons pas l'habitude, nous, de porter le même chapeau. Mais les Américains n'en sont plus frappés. Sommes-nous encore choqués de ce que nos téléphones sont tous les mêmes, ou de ce que les lampes électriques se ressemblent comme des sœurs ? Nous l'admettons, tout simplement, et notre effort d'originalité porte sur autre chose. Si loin qu'on standardise, il restera toujours à l'esprit assez de fertilité pour que chacun trouve mille manières d'affirmer sa personnalité. Peut-il en être autrement, alors que, tous bâtis de la même façon, avec les mêmes organes, les mêmes besoins, les mêmes passions, les mêmes fonctions, nous trouvons le moyen de ne voir et de ne faire apparaître que ce qui nous distingue des voisins ?

Non seulement la standardisation n'affaiblit pas notre sensibilité et n'efface pas notre originalité, mais elle enrichit l'une et exalte l'autre. Plus l'homme est débarrassé des soucis quotidiens, plus son esprit est libéré de l'observation et des contingences, plus l'âme s'élargit. Que nous n'ayons plus à nous préoccuper du choix d'une cuisinière, d'un bouton de col ou d'une automobile, ce n'est pas une barrière que nous dressons à notre activité intellectuelle, c'est une carrière que nous ouvrons à des pensées nouvelles.

Et, puisque standardiser, c'est créer plus de richesses, c'est créer aussi plus de possibilités d'œuvres d'art. Je crois à la standardisation comme au meilleur moyen de permettre le développement de toutes les individualités.

Il songeait encore : Ce qui est vrai pour l'homme qui emploie l'objet est vrai pour l'homme qui le fabrique. Standardiser, c'est, ou bien ne demander à l'homme qu'un geste mécanique, sans effort, qui laisse libre sa conscience, ou bien lui demander de conduire une machine et d'y développer une ingéniosité toujours neuve : c'est élever l'ouvrier.

N'est-il pas fort remarquable que, dans le pays de la standardisation, la pensée religieuse soit d'infinies ressources et variétés, comme si l'homme avait le temps d'y porter son attention et sa réflexion ; tandis que, trop occupés par les besognes quotidiennes, manquant de temps pour la libre pensée, nous n'avons jusqu'ici accepté qu'une standardisation véritable : celle de la religion. D'un bout à l'autre de la France, le dimanche matin, on dit la même messe, avec des ornements liturgiques identiques, des objets de culte qui sont les mêmes, et des gestes qui ne changent point. On dit la même messe depuis des centaines d'années. Un peuple qui a supporté une si vaste standardisation sans perdre de ses qualités, les verra-t-il s'enfuir parce que certaines parties des costumes, certains objets familiers, certains ustensiles de ménage ou engins de transport auront cessé de se différencier les uns des autres ?

La standardisation n'empêchera pas ce petit ruisseau de couler en poussant un arc de lumière contre les nénuphars inclinés, en agitant les brins d'herbe de la rive, en m'accordant la fraîcheur de son ombre et l'odeur mollement âcre de son eau porteuse d'essences.

Elle ne m'empêchera pas de rêver près de lui, ignorant de mon chapeau, de mon faux cul et de mes souliers pareils à ceux d'une infinité d'hommes, comme j'oublie aujourd'hui de penser à mon foie, à mes reins et à mes os, qui ne se différencient guère de ceux de mes pauvres frères.

Mais ils ont peur des mots – parce que les mots sont toujours au-delà des choses.

Un à un, le petit homme jetait dans l'eau les petits cailloux rouges qu'il avait, sans y penser, accumulés dans sa main, et chaque caillou faisait un rond qui grandissait, grandissait, et finissait par être si grand qu'il n'était plus.

ÉLOGE DU POLYTECHNICIEN

Mon cher Ami,

Vous m'avez demandé ce que je pense de Polytechnique et de vous dire comment je justifie le rôle que cette École s'est attribué dans l'industrie. Je veux bien essayer, avec la conviction que vous ne serez satisfait ni de mes jugements, ni de mes explications. Mais j'écris moins (pardonnez-moi) pour vous que pour moi-même.

L'École Polytechnique vaut un discours ; elle est, dans la vie moderne, une étrangeté. Cette École, essentiellement militaire, qui prétend fournir des ingénieurs à l'industrie – cette École, où l'enseignement pratique est nul et qui croit former des hommes d'action – cette École, dont les programmes n'ont guère changé depuis cent ans et qui veut être une École d'avenir – cette École, unique dans le monde mais que nul n'oserait créer et qui ne dure que par son passé – cette École enfin qui, par son originalité même, apparaît comme l'un des visages de la France, est-elle une force, une distraction ou une maladie de notre pays ? Rassurez-vous : je ne répondrai pas. Je voudrais seulement mettre notre École où elle doit être, dans une comparaison avec la vôtre. Je commence.

J'entends bien des reproches venir de votre camp. C'est d'abord, n'est-ce pas, notre défaut de modestie qui vous indigne ? Vous nous voudriez modestes ? Nous croyez-vous si intelligents ? Sans doute. Vous nous croyez intelligents, comme le croit toute la bourgeoisie française. C'est le brevet d'intelligence qu'elle pousse ses enfants à venir chercher dans notre examen d'entrée, au prix, pour beaucoup, de souffrances horribles et, pour quelques-uns, d'un définitif abrutissement. Hélas ! mon ami, vous vous trompez, et la bourgeoisie française aussi.

Il nous faut, certes, un minimum d'aptitudes aux mathématiques ; l'idiotie totale est presque toujours éliminée par nos examens ; mais on trouve à Centrale la même élimination. Et ce minimum une fois donné, ce qu'on demande à peu près uniquement au candidat, c'est, avec une bonne mémoire pour l'absorption d'un programme chargé, une vigoureuse discipline répartissant l'effort également sur tous ses éléments. Un peu d'allemand, de la précision dans le dessin, un style correct, une connaissance suffisante de nos cours de physique et de chimie, la pratique de nombreuses recettes pour la solution de problèmes-types nous dispensent tout à fait de génie mathématique, et même de toute imagination. Les preuves en sont légion. Les succès les plus nombreux aux examens d'entrée ne vont-ils pas aux écoles privées, où la méthode de l'oie grasse est rigoureusement appliquée ?

Et dans les lycées même, si le nombre des bizuths reçus est infime auprès de celui des carrés et des cubes, en pouvez-vous voir la cause dans un développement soudain de l'esprit de l'adolescent entre dix-huit et dix-neuf ans ? N'est-elle pas plutôt dans le fait que le bizuth moyen n'a pas eu le temps de s'engraisser suffisamment et que, même intelligent, il est trop maigre pour le goût de l'examinateur ?

Allez, les grandes écoles ont toujours sélectionné les bonnes mémoires, les fortes volontés et les harmonieuses médiocrités ; elles n'ont jamais choisi les intelligences. Il en passe quelques-unes, qui rayonnent sur le lot. Mais on en trouve autant dans le lot d'à côté.

En revanche, mon ami, que de fortes mémoires, que de mémoires admirables ! J'ai connu un bottier qui pouvait réciter tous ses cours en commençant par le dernier mot et en finissant par le premier. Ah ! nous avons de la mémoire. Je crois que, là-dessus, nous sommes imbattables. Je crois bien que nous avons aussi, en général, une plus grande capacité de travail et que, si nous comparons nos deux médiocrités, la nôtre a plus d'harmonie. La sélection, en tout cela, nous rend service. Mais, pour entrer dans l'industrie, peut-être serait-il utile d'en avoir quelque idée. Et cela manque, hélas ! totalement, au Polytechnicien. Une comparaison avec vous dans ce domaine me paraîtrait (tant vous nous êtes supérieurs) absurde.

Il est vrai que vous avez eu l'avantage de trouver un Chef, un Maître. L'École Polytechnique a eu d'excellents directeurs : elle n'a jamais eu la chance de tomber sur un homme comme M. Léon Guillet. Car ce sont les organismes d'action qui suscitent les Chefs. Il n'est qu'une religion pour créer des apôtres. Vous êtes une église ; vous avez une religion : l'Industrie. C'est pour elle que vous êtes faits ; chaque génération qui naît chez vous se sent l'Industrie française de demain. Toutes vos études, toutes vos tendances lui sont vouées. Et je comprends que vous nous traitiez d'intrus. Pour nous, voyez-vous, « la Partie, les Sciences et la Gloire », ça manque un peu de précision. Nous ne nous sentons faits pour nulle œuvre définie. Nous sommes industriels par occasion, comme nous serions artilleurs ou marins par hasard. C'est notre rang de sortie qui fixe notre vocation. Il n'y a pas de but polytechnicien.

Seulement, il y a, pour expliquer le nombre d'X qu'on trouve dans l'industrie, cette franc-maçonnerie polytechnicienne que vous nous jetez si souvent au visage. Vous avez, vous aussi, vos associations de Centraux. Vous aussi, vous vous soutenez les uns les autres ; mais on ne vous le reproche pas. C'est que votre solidarité est apparente, officielle. La nôtre s'enveloppe d'un mystère qui la fait paraître plus dangereuse. Nos associations visibles sont faibles : elles n'aident guère à placer les X dans le besoin, ni à créer des mouvements d'idées qui nous soient favorables. Elles ne jouent à proprement parler aucun rôle. Aussi ne nous en fait-on nul grief. La franc-maçonnerie qu'on nous reproche est ailleurs : elle est dans une similitude d'esprit, dans une tournure désintéressée de la pensée, dans le goût de la vérité poursuivie pour elle-même, suivant des rites qui nous sont communs et qui nous créent une sorte d'ésotérisme orgueilleux. Nous nous comprenons et nous ne comprenons à peu près que nous. Déformés par l'usage du raisonnement mathématique, nous nous sentons une caste assez voisine de la normalienne, mais qui, faisant pas métier, comme celle-là, d'enseigner l'inutile, est peut-être par cela même plus fière de lui porter intérêt.

Il y a chez vous le sens des réalités ; chez nous, l'amour des idées, plus encore d'une certaine logique qui ressemble fort à la scolastique. Il devait y avoir chez les Thomistes la même franc-maçonnerie que chez nous. C'est là une puissante liaison morale : pour beaucoup d'X, il y a que les X qui pensent. Ils se serrent comme une grappe d'abeilles et le bourdonnement de leur masse leur fait croire qu'ils sont tout l'univers.

Pour affirmer cette solidarité, nous avons les femmes. La femme du Central est une femme, la nôtre est une femme de Polytechnicien. Il faut avoir entendu l'une d'elles, lorsqu'on lui présente un nouveau venu, demander négligemment : « Est-ce un camarade ? » avant de lui faire un accueil aimable ou indifférent, pour sentir que la camaraderie polytechnicienne est plus envahissante que toutes les autres. Mais quelle petite bourgeoise peut résister à cette conviction qu'en épousant un X, elle entre dans l'Élite ? Nous avons beau être maladroits, mal fichus, ignorants en amour, peu brillants dans la conversation, hors de la vie, nous sommes l'Élite.

Mémoire et capacité de travail, solidarité polytechnicienne, c'est beaucoup. Mais cela ne suffit pas encore. Nous avons aussi trois secrets que je puis vous livrer ; les voici :

D'abord, l'X ne sait rien, et il sait qu'il ne sait rien. Ne rien savoir, voyez-vous (à la condition expresse de savoir qu'on ne sait rien), c'est un merveilleux moyen de commandement. L'homme qui sait se perd dans le détail de sa science : c'est une des grandes difficultés de celui qui monte en grade d'oublier qu'il connaît le métier de son inférieur et de renoncer à le faire. L'X a la chance de n'avoir rien à oublier. Et puis, l'homme qui ne sait pas peut apprendre : tâche beaucoup plus rude pour celui qui croit déjà savoir. Si parfaite que soit une école, elle n'est jamais la vie. Plus l'école nous enseigne de pratique, plus elle nous donne l'illusion de savoir, plus elle fait de nous un être inapte à apprendre. L'X a appris à apprendre, et on l'a maintenu si loin de la réalité que, lorsqu'il y entre, il ne peut pas ne pas se rendre compte de son ignorance. C'est une puissante raison de succès.

Et aussi, l'X a une méthode : il sait classer les idées, les mettre à leur place, faire le départ des grandes et des petits, des principales et des subordonnées ; il a passé sa vie à faire de l'analyse logique. Dans les rôles complexes, difficiles, cette méthode est une fortune.

Enfin, l'X est un amateur : j'entends par là, bien entendu, non pas l'homme qui travaille quand il lui plaît, mais qui travaille parce que le travail lui plaît, et à peu près seulement pour cela. Le jeune X n'a pas appris que l'argent est le but de la vie. Il est convaincu (pour la Patrie, les Sciences et la Gloire !) que sa raison d'être est de faire des recherches intéressantes, de se développer l'esprit, de résoudre des problèmes. Chaque tâche que vous lui donnez lui apparaît comme un système d'équations dont il lui faut trouver, le plus élégamment, les racines. Que le problème soit de créer une machine, un chiffre d'affaires ou de l'argent, il ne lui importe pas beaucoup. Ce qui le touche, c'est que la solution vaille d'être cherchée. Si la donnée lui est mal fixée ou si lui-même se la fixe mal, il peut être néfaste, d'autant plus dangereux que, tout à sa déduction, il néglige les contingences. Mais précisez-lui la tâche à accomplir, il en sera le religieux serviteur. Loin de moi l'idée qu'on trouverait plus de conscience et de dévouement chez le Polytechnicien que chez les ingénieurs sortant d'autres écoles. Peut-être même y a-t-il plus de Centraux que le métier absorbe totalement. Mais, pour le Central, le métier est quelque chose de subjectif, quelque chose qui s'incorpore à sa personnalité ; pour l'autre, il est l'objectif, et l'X reste l'esclave d'un objet abstrait. Aussi ce qu'il réalise est-il plus dégagé des contingences propres à l'individu, moins vivant, mais plus permanent. La consistance en est moins humaine qu'essentielle – moins occasionnelle que rationnelle.

Ignorance consciente, méthode, objectivité : voilà nos forces.

Vous me direz que j'exagère. Il est vrai : je schématise pour expliquer, je classe à la polytechnicienne, avec trop de brutalité.

Je sais qu'il y a des X qui ne savent rien, qui croient savoir quelque chose et dont le passage dans un Service est plus grave qu'un tremblement de terre. Je sais qu'il y a des X qui ne savent rien et qui n'apprennent rien, parce qu'on les a tellement sortis de la vie qu'ils sont incapables d'y rentrer. Je sais qu'il y a des X qui classent faux, ou qui raisonnent juste sur des principes absurdes, sans qu'un peu de bon sens leur montre jamais la stupidité de leurs prémisses. Je sais que des X sont amateurs, dans le mauvais sens du mot, et que leur métier ne leur apparaît souvent que comme une simple distraction parmi d'autres. Je sais même que nul d'entre nous n'échappe tout à fait à ces infirmités.

Mais quand vous aurez, de ce que je vous ai dit, retiré tout cela, il en restera tout de même quelque chose, et c'est quelque chose qui seul peut expliquer le succès d'individus ignorants, secs, théoriciens et vaniteux comme nous sommes tous.

Je voudrais conclure ; mais je ne trouve, en finissant ce long laïus (dont le bavardage porte bien, n'est-ce pas ! la signature de notre École), qu'un aveu à vous faire ; le voici : Avec tout ça, voyez-vous, nous n'avons pas lieu d'être fiers. Car à quoi servent l'adaptativité, l'ordre, la méthode, la mémoire, le travail, la conscience même, si tout cela n'est pas animé par une grande passion ? J'ai bien peur que, dans la masse, nous ne soyons pas des hommes d'action. J'ai comme vous de fortes raisons de penser que l'identité, que je rappelais tout à l'heure, entre le Central et sa fonction soit à elle seule une qualité qui dépasse en valeur de réalisation toutes celles que je viens de vous présenter.

On n'apprend pas aux hommes la passion ; mais l'éducation dirige le courant passionnel. Il me paraît que l'éducation de l'X, en nous conduisant au scepticisme, divise le nôtre en mille ruisselets sans puissance.

Qu'est-ce que Polytechnique, en fin de compte ? Une école de philosophie. Le philosophe séduit parce qu'il expose bien, parce qu'il observe et juge ce qu'il fait, parce qu'il dépasse son sujet. Mais ce n'est qu'un philosophe.

La France est le seul pays qui ait une école d'ingénieurs philosophes : elle en tire de la fierté, je ne sais pas si elle en tire de la force. Je ne sais pas si les mêmes mémoires-volontés aujourd'hui sélectionnées par les concours de l'X, si elles étaient maintenues dans un milieu de passion et d'action, au lieu d'être séquestrées à la recherche de la Vérité entre les murs de la rue Descartes, plantes étiolées qui poussent maigrement leurs racines dans l'abstrait et tendent un piètre feuillage dans l'air confiné de l'absolu, si elles allaient vivre au grand air de la vie et de l'industrie ne feraient pas d'autres valeurs sociales.

Polytechnique, école française, tue le goût du jeu par le calcul des probabilités, et supprime le goût du risque, à la fois en assurant à ses élèves une carrière sûre et en leur donnant le mépris des richesses.

Pour quelques Citroën, quelques Loucheur qui s'évadent par la puissance de leur personnalité, quelle immense masse de raisonneurs, de bavards, de faibles ! L'erreur de Napoléon, celle du XIXe siècle tout entier, a été de croire que la science mène à l'action : ça n'est pas vrai, ça n'est pas vrai du tout ; la science conduit tout droit au nihilisme ou tout au moins à l'indifférence.

De même que l'avocat réussit en politique parce qu'il parle bien, l'X réussit en industrie parce qu'il pense bien.

Mais parole et pensée ne sont rien à côté de l'action.

N'est-ce pas ?

PSYCHOLOGIE SOMMAIRE
DE M. BARENTON

Oscar Barenton aimait les mathématiques. Plus tard, quand il eut acquis cette notoriété qui est la gloire des industriels, on voulut le faire passer pour un grand mathématicien, qui aurait abandonné la théorie pour l'action. Il se montrait sensible à cette attention, et se défendait avec une modestie un peu languissante. Ayant réussi comme industriel, il aimait penser, et il ne lui déplaisait pas qu'on pensât que, marchant sur d'autres routes, Oscar Barenton aurait atteint d'aussi hauts sommets.

Au juste, il était, comme les plus intelligents de ses camarades, un bon mathématicien. Logique, précis, doué d'une imagination constructive, il traitait adroitement les problèmes. La géométrie surtout lui plaisait. Il n'était pas sans tact pour fabriquer, d'éléments courants, une combinaison heureuse. Mais il n'avait point de véritable élégance. Les voies qu'il suivait avaient été quelque peu battues ; il se débrouillait bien dans le labyrinthe, mais ne se serait point jeté à travers la campagne. Comme il s'étonnait peu, de même ne découvrait-il guère. Durant les années qu'il passa à Mézières, il prit grand plaisir à quelques études de géométrie et d'arithmétique. Il indiqua, dans l'Intermédiaire des Curieux, quelques propriétés amusantes de la strophoïde et des nombres premiers. Il se trouva qu'elles étaient connues, et seulement oubliées.

Je ne crois pas qu'au fond, il se soit fait de grandes illusions sur l'intérêt de ses découvertes ; mais il se trouvait dans ce jour, en outre d'un imprévu sans danger, bien des commodités. Il le jouait seul, et cela le dégageait de toutes contraintes sociales. Mme Barenton s'était résignée à le voir, après dîner, le journal lu et brièvement commenté (ce qui lui permettait, non d'instruire sa famille, mais de fixer ses propres idées), demander ses pantoufles, passer un veston d'intérieur et, la pipe éteinte près de lui, s'enfermer entre ses chiffres et ses croquis. Des heures durant, il était hors de la vie. Les prières successives de Mme Barenton ne le convainquaient pas que l'heure du lit était venue, et passée. Elles l'impatientaient à peine. Il ne les entendait pas. Les menaces venaient enfin, qui le décidaient.

La découverte l'enchantait ; elle résonnait en lui comme une soudaine musique de l'univers. Il avait à la fois la certitude de connaître la loi nouvelle, et l'illusion de l'avoir créée. Les conséquences de sa trouvaille lui apparaissaient multiples, illimitées. Il aurait voulu les entreprendre toutes à la fois. Il se sentait au bord de l'infini, un infini où il pouvait se jeter à corps perdu, sans crainte de catastrophes. C'était, à vrai dire, un tout petit infini, un infini microscopique. Mais on sait bien que tous les infinis se valent.

Pendant qu'il calculait, les mathématiques lui étaient l'unique réalité. Le reste de sa vie n'était qu'un rêve, plutôt pesant. Là, il se sentait aux prises avec le vrai, avec l'irréfragable, avec l'indestructible. Là, il était dans l'éternel, avec Dieu. Pauvreté alors que les soucis de l'usine, que l'éducation des enfants, que le sourire ou l'âcreté d'Herminie, que le vin qu'il fallait monter pour le dîner du lendemain. Pauvretés même que les grandes théories économiques, auxquelles il se laissait aller en présence de M. Dupont-Lagarde ; car il en sentait tout le relief et tout le provisoire. Dans tout cela, c'était la bête qui agissait ; les mathématiques révélaient l'ange.

Pourtant, de retour à l'usine, dans le mouvement des choses, il découvrait une réalité nouvelle. Les discussions avec les clients, avec les fournisseurs, les problèmes que posaient les relations avec les ouvriers et avec le reste du personnel, le prenaient tout entier. Il haletait, au moment de l'établissement des inventaires, moins parce qu'il craignait une diminution des revenus, qu'hanté par l'effroi de n'avoir pas réussi ce qu'il avait désiré. Quand son petit laboratoire lui eut permis de refuser une fourniture de matières premières que les contremaîtres déclaraient excellente, et qu'il put, par un calcul très simple, montrer à M. Durand que les pertes de temps et d'argent qu'éviterait ce refus représentaient près de deux cent cinquante mille francs, la joie de voir que son laboratoire était largement payé le grisa pendant toute une semaine. Les choses, les êtres dans l'usine, incessamment, le sollicitaient à l'action. Un employé, un papier, un coup de téléphone, réclamaient de lui, à quelques minutes d'intervalle, une réponse, une décision, une attitude. Parfois, c'étaient de longues études pour le remaniement d'un atelier, ou la création d'une agence nouvelle. Et cet enfantement aussi apparaissait à Oscar Barenton comme la réalité tout entière. Les mathématiques n'étaient plus alors qu'un rêve, une distraction, un jeu. Il y eût renoncé à tout jamais pour une réduction de 2 % de son prix de revient.

Une telle contradiction de son être l'avait maintes fois surpris. Il en était venu à une manière de philosophie, s'acceptant tel qu'il était et arrangeant sa conception du monde extérieur de façon qu'elle fût cohérente à sa manière d'être. Il disait : « La vérité, c'est l'action. Ce qui occupe nos muscles, nos nerfs, notre cerveau, voilà tout le réel. Et j'appelle le reste illusion. »

SCIENCE ET INDUSTRIE

LE PHYSICIEN ET LE CHAUDRONNIER

Les Dieux font sagement : ils savent leur métier.
Ils firent les humains ignorants de nature ;
C'étoit pour leur bonheur ; mais la chose étoit dure
pour la gent orgueilleuse ; elle haussa le pié,
monta, comme elle put, l'échelle de science
et perdit pour sçavoir sa tranquille innocence.
Il en est aujourd'huy des exemples nouveaux.
Je n'en veux compter qu'un : il suffira sans doute à ceux qu'amuse
mon propos.
Mais faut-il compter qu'on m'écoute ?
Un chaudronnier vivoit heureux,
Du matin jusqu'au soir il étoit à la tâche,
Tapant sur ses chaudrons d'un marteau généreux,
Ne se donnant nulle relâche,
Et, par son vacarme étourdi,
Sans nul soucy du voisinage,
Il ne pensoit à rien de l'aurore à midi,
De midi jusqu'au soir ne pensant davantage.
Il passoit pour un sot. Il se peut : mais je di
Que ce bonheur étoit un sage.

Vint un physicien s'établir à l'entour
Qui faisoit des expériences
Et qui connaissoit plus d'un tour,
On le disoit plein de science,
Et le Destin montra qu'il l'étoit en effet.
Est-ce raison ? Est-ce mémoire ?
Ou quelque vieux secret trouvé dans un grimoire ?
On dit qu'il inventa (je vous compte le fait
Comme on me le fit à moi-mesme)
Un engin merveilleux qui, sans bras ny marteau,

Enclume, lime ni bédasne,
Fabriquoit des chaudrons si parfaits et si beaux
Que le Malin (que Dieu condamne !)
Habile à faire maint métier,
Les crut chaudrons de chaudronnier.
Notre physicien vous monte une fabrique
Qui vend partout pour deux écus
Ce que mon chaudronnier mettoit un mois et plus
À chaudronner sans mécanique.
Le voilà sans chalands : il ferme sa boutique
(Il étoit philosophe, et non pas un petit)
Et va tout droit quérir, pour gagner sa pitance,
Un emploi bien gagné chez l'homme de science.
Il étoit maistre d'œuvre ; il devient apprenti,
Mais reçoit deux fois plus à mener la machine
Qu'à taper des culs de chaudrons.
En est-il plus content ? Nous en reparlerons.
Point d'effort, que fait-il ? Il remâche, il rumine,
Et de l'aube à la nuit sa cervelle chemine :
« Pourquoi, sage, est-il pauvre, alors qu'il est des fous
Qui gagnent en un jour cent fois ce qu'il dépense ? »
Il songe à réformer l'État et la Finance,
À refaire le monde avec des Dieux plus doux.
Enfin, rien ne lui plaist : rien ne chante à ses gousts :
La vie est un fardeau ; las de ployer l'échine,
Ill vous le jecte à bas : on le retrouve un jour,
Suspendu par le col au levier le plus lourd
De la bienfaisante machine.

Faisons tout uniment ce que faisoient nos pères.
On n'est point plus heureux pour estre plus prospères.
L'arbre de la Science a des fruits beaux et bons.
Mais penchons-nous, et regardons :
À son pied niche une vipère.

SCIENCE ET INDUSTRIE

Les sœurs divines, ce sont elles. Elles avancent, cherchent leurs fins opposées, sans que se rompe l'artère géminale. Agir. Connaître. Cortège clair à travers l'éternel, déchirure d'entrave dans le présent mouvant. Des ères durant, la véridique candeur du cygne couva l'œuf, d'or fécondé où, jusqu'à l'heure récente, une double vie songeait le futur. Et voici les lumières jumelles aux clartés tellement alternées que l'une défaille au même moment que s'éveille la sœur contraire.

Pour toi, la Pure de rayons vêtue, ta source est le vrai, et aussi ton océan ; au moins, tu le crois. Mais quel ruisselet sans vertu si la connaissance demeurait inerte et toute de contemplation, si elle n'éclatait en puissance, et que la détestable application de tes découvertes ne haussât jusqu'à toi l'attentive cupidité. Elle excite sur tes conquêtes une opinion habile à passionner ta foi. Sous ta sérénité (la gloire vient de ceux qu'on méprise) frémit l'ignare intérêt de la tourbe. Lesquels, de tes savants, vont jusqu'au cœur de l'anonyme ? Ni les Fourier, ni les Cauchy, ni les Darwin, ni Poincaré (le seul), ni Ramsay, ni Thomson (dont l'ignorant Anglais fit un lord ignoré), ni Maxwell même, tous inventeurs de vastes synthèses : car ils ne furent que tes serviteurs, et de la pensée. Mais les Ampère, les Pasteur, les Branly, les Edison, pour avoir été, au-delà ou en deçà, domestiques de l'animal. Une lampe fait plus pour la gloire que d'avoir illuminé la mystérieuse parenté de l'électricité à la lumière. Dédaigne, mais recueille la miette du festin sans raison, car que sert de savoir, si l'on ne dure dans la mémoire des hommes ?

Et toi, ô dont la sandale est d'acier et le casque d'argent, tu ne serais pas. Orgueilleuse de tes richesses, tu te crois le coffret de la Joie, la Corne inépuisable. À la Connaissance, tu dois tout et ne la connais point. Le centime de ton or, une étrange pudeur te l'arrache, qui souscrit à la manie de pénétration pour en payer l'invoulu bienfait : tu n'as pas compris que le service est à l'exacte mesure de l'indifférence. Si tu prétends aider, il s'agit d'asservir : car tu ne conçois que l'échange à bénéfice, et, pour ignorer la suprême utilité de l'inutile, l'éclat du vrai te demeure éteint d'impénétrables nues. Mais tu soutiens, rechignante : l'argent a soif de pardon.

Il nous convient que ce soit ainsi. Il est bon que des deux, chacune porte la double œillère borneuse d'horizon : qu'ainsi s'ordonnent, sans un doute, les frémissements de tous ses nerfs avec la contraction de tous ses muscles ; que l'entraide de l'une à l'une soit grognonne, comme imposée par un pesant décret, générateur d'impatiences ; il nous convient que vous haliez dans un mépris gémissant. Vous avez raison : vous êtes chacune la plus grande.

SONNET

Puis que voicy que ma teste est flestrie,
Puis que d'aymer me deffault la ferveur,
Ains que de moy, paouvre, vieil, et resveur,
Soucy n'ont plus Cassandre, ne Marie.

Puis que non mais ne me tente l'envye
De cherement achepter la faveur
De vivre, mort, au bercail du Sauveur,
Par luy ceder le doux soir de ma vie.

Que j'aymerois, au logis de mon goust,
Par Industrie avoir, contre nature,
Chaud en hiver, de la frescheur en aoust,

Lire un bon livre, et veoir, par adventure,
Science en issir, au parler caressant,
Pour esclerer ce beau jour finissant...

Extrait de :

M. BERGERET DANS LA RETRAITE

(Ouvrage inachevé)

Les quatre-vingts ans de M. Bergeret s'appuyaient cet après-midi d'automne sur le bras sexagénaire, mais ferme, de M. Roux, son élève préféré, justement professeur au Collège de France et membre de l'Institut. Il plaisait à M. Bergeret que ces honneurs, qu'il n'avait pas connus, eussent récompensé la longue patience d'un esprit agile aussi bien à dégager qu'à poursuivre par des sentiers couverts une marche sûre bienveillante. Il trouvait, dans la médiocrité de son propre état et dans le lustre qui éclairait son disciple, une manifestation, à vrai dire superflue, de cette justice humaine dont les lois sont, au rebours de celles de la justice divine, certaines et immuables.

Comme ils passaient la barrière de Saint-Ouen, M. Bergeret s'arrêta, soufflant un peu. Dans la petite cabine de bois, sale et couverte d'affiches, l'employé d'octroi, muet et grave, débitait, à la demande des conducteurs défilant lentement devant lui, de petits papiers verts portant un chiffre imprimé. Un tiède soleil d'octobre, déchirant les voiles crus d'un ciel décoloré, jouait avec le pauvre décor de la banlieue : des palissades désunies, de hauts murs aveugles, un fil de trolley, des rails luisants sur un pavé gras, deux alignements de maisons mal venues, inégales et de couleurs criardes, des cheminées, composaient un paysage discordant et comme insensible à la caresse épandue par l'astre vieillissant. Seul, un grand panneau de vermillon marquait un enthousiasme tout frais pour un apéritif de renom : M. Bergeret en était tout ébloui.

« Asseyons-nous », dit-il, « ce spectacle est intéressant. » Ils avisèrent un banc de bois. M. Roux rajusta son lorgnon et suivit un instant des yeux une camionnette clamant au passage en lettres dorées, le nom d'une maison de T. S. F. Sur le siège, une petite blanchisseuse, aux formes rondes, riait, passagère d'occasion, avec le conducteur. M. Roux cligna des yeux. « Que pensez-vous », demanda-t-il, « de l'alliance de la science et de l'industrie ? »

« Ce gabelou », dit M. Bergeret, « n'est point indifférent. Et ces voituriers, mercenaires comme il se voit à leurs casquettes plates, ou patriciens que désignent sans ambiguïté leurs chapeaux de feutre, ne le sont pas non plus. Voyez avec quelle conscience celui-là délivre précisément le numéro qu'énonce la fantaisie de celui-ci. Et considérez que cette fantaisie se limite étroitement au choix d'un nombre compris entre cinq et cinquante, et s'abstient soigneusement de donner au publicain un nom de fleur, ou d'organe, ou de meuble familier, ou d'animal ; en un mot, évite tous les termes qui composent le langage normal et courant par lequel les voituriers ont, depuis les origines, exprimé leurs pensées. Vous saisissez ici, dans son essence même, le goût éternel de l'homme pour le Rite, pour le geste dont le sens échappe, mais auquel nul ne se peut soustraire sans encourir la mystérieuse rancune des Démons. L'un et l'autre, vous n'en doutez pas, connaissent l'inutilité pratique totale, absolue, vraiment parfaite enfin, de cette petite amulette que l'un tire avec précaution de son éventail et que l'autre enfouit précieusement dans sa sacoche. Ni l'un ni l'autre n'ignorent que le signe qu'elle porte n'offre pas de sens humain, et qu'il est indifférent à l'univers qu'il affecte la forme d'un six, ou qu'il apparaisse comme la juxtaposition d'un deux et d'un huit. Mais tous deux savent qu'un gabelou, tout semblable à celui-ci, avec le même veston épaissi par la crasse, le même képi déformé et la même moustache rousse, attend à l'une des six cents portes de Babylone que le même conducteur lui restitue l'amulette, en prononçant les mots mystérieux qui conjurent Baal : “Pas d'excédent !” »

« Je ne crois pas », déclara M. Roux avec quelque timidité (car une longue expérience lui avait appris que son maître aimait avoir le dernier mot), « je ne crois pas que ces papiers soient tout à fait inutiles. On m'a assuré qu'ils servent à contrôler la quantité de combustible qui entre dans Paris et qui est soumise à la douane locale qu'on nomme octroi. Mais que pensez-vous, mon cher Maître, de la collaboration de l'industrie et de la science ? »

« Vous vous laissez abuser », répondit M. Bergeret. « Il n'y a point à cette distribution d'explication humaine ; je l'ai longuement et vainement cherchée. Mais le peuple, qui respecte le mystère et lui obéit, n'en supporte pas la pensée ; il n'accepte point qu'on prononce le nom redoutable des Démons. Aussi lui est-il nécessaire que des choses s'expliquent. Comme il déforme les mots savants pour leur trouver un sens commun et qu'il appelle l'eau d'ânon le remède incompréhensible de l'apothicaire, de même il veut trouver à tous les actes humains une raison qui le satisfasse. Il ne souffre pas que la cause d'un accident de chemin de fer demeure inconnue : il exige un responsable. C'est ce qui rend si périlleuses les fonctions d'aiguilleur et de mécanicien. Il réclame même que la raison soit claire et facile d'accès ; et, puisque les causes imputables à une direction imprévoyante, ou faible, ou trop soumise à la peur des politiciens ou à l'appât de l'argent, sont nécessairement complexes et obscures, il ne serait nullement satisfait d'une responsabilité trop haut placée : cela rend inattaquable la sécurité du directeur. Aussi ce poste est-il plus recherché. Par là, l'harmonie subsiste et la société perdure. Défiez-vous, mon jeune ami, des explications faites pour le peuple, et dites-vous que le principe des accidents qu'on nomme catastrophes parce qu'ils groupent dans le même temps et le même lieu quelques-unes des blessures sans nombre que réclame quotidiennement le sévère Dieu des transports, est aussi étranger à la volonté des hommes, aussi enivré de divin que le sens profond de ces parcelles vertes emportées par la vitesse sur les routes de France. La conscience de ce fonctionnaire n'en est que plus merveilleuse. »

« Pourtant », affirma M. Roux, « on assure que la conscience professionnelle se perd et qu'elle était avant la guerre d'une tout autre qualité. N'y a-t-il pas là quelque influence de cette alliance grandissante de l'industrie et de la science, qui présente tant d'intérêt ? »

« Il se peut », dit M. Bergeret. « Mais j'y vois surtout la conséquence obligée du progrès de la solidarité. Dans le petit atelier de l'artisan du Second Empire, l'ouvrier était un maître d'œuvre. Il créait des objets qui portaient sa marque, dont la forme lui était liée, à tout le moins par ses habitudes, par le poids et la forme de son marteau, ou par le procédé qui lui était familier pour manier sa lime. Et, l'amour-propre s'en mêlant, il faisait, en un double sens, du travail propre. L'usine a changé tout cela. Un lingot d'acier, une voiture automobile, un tissu, sont aujourd'hui des êtres abstraits, synthèses où se fond le travail d'une foule. Le produit de la fabrique est anonyme, comme la société qui le vend. Nulle conscience n'y pourrait valoir un contrôle, lequel, n'ayant point d'âme, juge seulement avec des jauges et des gabarits, et garantit la seule condition qui importe : l'identité. Foin d'une conscience, créatrice de personnalité ! Que ferait-elle, que semer le désordre et jeter le trouble ! Elle ne peut subsister que dans les îlots où l'homme est seul et plein de lui. Vous voyez dans ce cabanon, sur qui déferle sans repos la mer de la circulation urbaine, un de ces îlots. L'honnête employé qui l'habite sent qu'il est quelqu'un, et parce qu'il est assuré de la gravité de sa fonction, il la remplit avec un soin qui est exactement la manifestation de sa conscience. Aussi travaille-t-il presque aussi parfaitement qu'un distributeur automatique. »

« Si je comprends bien », murmura M. Roux, « ce que vous pensez de l'union de la science et de l'industrie… »

« J'y venais », dit doucement M. Bergeret, « je n'en pense rien. »

TARTUFFE À ELMIRE

L'amour qui nous attaque aux choses éternelles
n'étouffe pas en nous le soin des temporelles.
Oui, j'ai fait, je l'avoue, un vœu de pauvreté.
Mais ne suffit-il pas qu'avec humilité
j'use des biens nouveaux que pour sa créature
Dieu sut dissimuler dans la sainte nature ?
Eh quoi ! ceux dont le cœur est plein de piété
par un faux amour-propre et trop de vanité
dépriseraient les fruits de cette intelligence
qu'Il répandit sur nous avec tant d'indulgence !
Je laisserais des sots promener tout le jour
leur inutilité de la Ville à la Cour
dans leur carrosse neuf, roulant à grand tapage,
plus vite, sans coursier, que tout un équipage !
Et moi, j'irais à pied ! J'en ai honte pour Dieu !

Madame, faudrait-il que j'allasse au saint lieu
crotté comme un barbet, tout dégouttant de pluie,
déshonorer l'autel ou mon front s'humilie ?
Devrais-je renoncer à me sanctifier
lorsque le Saint-Pontife, en mon pauvre grenier,
porte le réconfort d'une bonne encyclique
en empruntant le corps d'une boîte à musique ?
Serait-il, dites-moi, sage et d'un bon devoir
de ne point consentir, chaque vendredi soir,
de mener Célimène au lieu sombre et tranquille
où sur le blanc linceul d'une toile immobile
un spectacle animé nous montre la vertu,
la sagesse prisée et le mal abattu,
ou bien, nous décrivant les procédés du vice,
nous fait voir du démon le secret maléfice ?
Non, Madame, j'ai trop pour la dévotion
cet amour dégagé de superstition,

pour ne pas demander à la Science humaine
qui, nous venant du Ciel, ne saurait être vaine,
à la sainte Industrie où l'homme d'aujourd'hui
a corrigé le sort et vaincu son ennui,
les terrestres secours par qui, sauvant mon âme
du soin fastidieux d'une guenille infâme,
je garde le cœur libre et les sens assez clairs
pour adorer sans fin l'Auteur de l'univers.

Et comme Il m'inspira le saint désir, Madame,
de vous faire goûter cette céleste flamme
qui me brûle sans cesse, et me brûle deux fois
incomparablement, sitôt que je vous vois,
Il a, pour assurer sa volonté subtile,
pris soin de me munir de cette automobile
où, préservés du monde et des yeux indiscrets,
nous pourrons, par les champs, confesser nos secrets,
échanger des serments de piété parfaite,
enfin, l'âme brûlante et la chair satisfaite,
trouver l'un contre l'autre, épanchant notre cœur,
et l'amour sans scandale et du plaisir sans peur…

Il m'aurait plu de marquer ici autant de modération que le réclamerait ce danger accepté d'ouvrir à la froide stupidité des foules le verger clos de ma pensée. Le jeu n'est plus à cette heure de converser avec cette société silencieuse et choisie à qui je dois l'honneur d'être toujours écouté, et la grâce d'être quelquefois compris. Je redoute ainsi que cette application incessamment poursuivie à diriger mes sentiments ne demeure impuissante à maîtriser une indignation qui exige, bien qu'ineffable, de s'exprimer hautement.

Que de nouveaux émigrés exaltent à l'envi d'une victoire je ne sais quelle Sainte-Alliance de la science et de l'industrie, ennemie des climats, des coutumes nationales, comment le supporterais-je ? Nulle voix lorraine ne revendiquerait d'attester l'antique vertu et, fût-ce parmi les supplices et les risées (plus cruelles), de confesser la loi française ?

Qu'on se rassure : je connais telle candidature.

Ce rite nouveau, odieux déjà par sa jeunesse même, issu de ces terres du Nord qui furent toujours nos ennemies : tant de mécanique, tant de lois hostiles à notre libre latinité ne furent suscitées (qu'on en soit assuré) que pour la destruction de notre race. Ils spéculent, ces Germains des deux continents, sur notre abaissement si nous ployons à leur joug notre fière indépendance, sur notre déshonneur si nous inclinons sous leurs férules nos âmes singulières, et, si nous demeurons fermes, sur notre ruine. Nos gymnastes n'ont que faire de la discipline des Sokols ; nos jeux sont d'athlètes, un contre un, escrimeurs, lutteurs, coureurs, sauteurs, lanceurs de poids. Le tournoi, le duel sont nôtres. Leurs amusements heurtent des hordes ; leur football, leur cricket, leur polo raturent l'individu pour marquer le groupe. Je vois trop que, lorsqu'ils dressent leur usine, ils espèrent d'assassiner notre artisan. Voici que leur science, lasse de contraindre de lois étroites une matière indifférente, s'acharne sur l'homme même : voyez-la qui prétend avec un Taylor forcer le geste à l'uniforme, l'outil à l'identique et le travailleur à l'égalité. Un vain prétexte de progrès, une redoutable exploitation du confort ne me dissimulent pas un dessein trop clair. Ils s'efforcent de nous faire oublier que le bien-être est loin de la joie et qu'il n'y a pas de volupté profonde sans un brisement du cœur.

Que ces barbares ne se flattent plus de nous surprendre. Nos méfiances les ont démasqués. Contre le flot envahissant de leurs richesses matérielles, nous dresserons le château fort de nos richesses morales. Nous y garderons le pont haut et la herse basse. Que chacun se hâte de bâtir tours, tourelles, barbacanes, courtines et redans, bailes, puits, salles d'armes et réfectoires, cryptes et chapelles. Qu'on se hâte de creuser tout autour le fossé de nos traditions, large et qui se remplit de lui-même d'une eau dégoutante. – Et qu'on ne s'inquiète pas du donjon : je m'en charge.

LE REPAS DE FAMILLE

Je ne veux plus aimer que vous, Machine auguste.
Mes bras ont la fraîcheur de votre acier poli,
et la pensée enclose en mon cœur amolli
est, comme votre forme, exacte, sûre et juste.

Vigueur luisante et noire, où le frémissement
passe dans la chanson des bielles et des tiges,
vous m'émouvez toujours par vos graves prestiges
surhumains, et soumis au geste d'un enfant.

Vous êtes, dans la nuit, couveuse de lumière,
vous portez des éclairs dans nos seins endormis,
vous menez l'ordre clair au seuil des Paradis
et l'aube blanchissante aux âtres des chaumières.

Vous êtes l'eau qui sourd, et vous êtes le vent,
la saveur des midis, et l'ardeur de l'automne...
Je vous donne, ô Machine, au cœur frais qui s'étonne,
et tout mon beau désir inlassable et mouvant.

Je respire l'odeur de vos étoupes grasses,
Comme on hume, ayant frais, les potages brûlants :
Science, votre Mère, apporte à pas tremblants
les mets appétissants pour mon esprit vorace.

Voici l'œuf de Colomb, au sel et frais pondu,
qui garde le parfum des poules scientifiques,
les cuisses de grenouille, aux rêves électriques,
qu'adorait Galvani, sous le petit Tondu.
Ô pomme de Newton, je te pèle, et j'adore
ta saveur un peu sûre, astringente, où le fruit apporte tout l'automne
et son or ébloui
sur la table au lin blanc que dressa Pythagore...

Puis, voici Leyde, et ses campagnes tulipières,
sa bouteille, et son vin piquant des Pays-Bas,
et, pour servir gaiement notre petit en-cas,
la bonne Magdebourg aux tendres hémisphères...
Puis la sieste adorable, et le soir qui descend...
Dans le vaste repos de l'usine oubliée,
les monstres vigoureux dont l'âme réveillée
songe au fond du silence aux ruts éblouissants...

Dynamos, Martinets, j'écoute la berceuse
que chante à mon désir votre muet sanglot,
voici mes bras ouverts, Ponts roulants, Mortaiseuses,
Tours, Haveuses, Pilons, Turbines, Hauts Fourneaux,
regardez-tous ! Et toi, descends, et viens, Perceuse...

STAY CALM
AND
HAVE A COFFEE

La science et l'Industrie, voyons, c'est Painlevé et Loucheur, c'est le cul et la chemise : ne me demandez pas lequel des deux est la chemise.

RONDEAU

Un temps passé par cent saiges divers
à trifouiller le naturel grimoire,
Sçavoir (dit-on), naquit, grave et disers,
puys Industrie à la poitrine noire,
vilains cadets des filles de Mémoire
mais qui s'en vont de par tout l'univers,
porter richesse et travail et victoire.

Du temps passé, tous deux, à rudes bras,
Jectent en bas et maisons et chaumières,
coite douceur, sourires et soulas,
cassent la nuict, à grands coups de lumières,
et font bien estre, et bonheur ne font pas.

Vulcain partout mène bruyt et tapaige
Nymphes ont fui, qu'entraînent les berges ;
même Vénus (qui n'est pas la plus saige),
et lairrant place à des dieux étrangers,
vecy qu'Amour a plié son bagaige
et qu'il s'envole, avec la douce imaige
du temps passé…

Yoann Laurent Rouault est le directeur littéraire et artistique de la maison d'édition JDH. Maître des Beaux-Arts, ancien des métiers de la publicité et de la communication, ancien dessinateur de presse, il est aujourd'hui illustrateur, auteur, biographe, producteur, éditorialiste et rédacteur en chef de la revue littéraire *L'Édredon* de JDH Éditions. Voici un aperçu de ses publications les plus récentes et de quelques-unes de ses collaborations.

Les livres illustrés par Yoann Laurent-Rouault pour JDH Éditions

- JDH ÉDITIONS. **Le collector 1984**, d'après George Orwell.
- JDH ÉDITIONS. **Trois siècles de pensée économique**, de Nicolas Piluso, collection « Les Pros de l'Éco ».
- JDH ÉDITIONS. **La belle équipe du football français**, de Y. Laurent-Rouault, J.-D. Haddad & B. Rousseau, collection « Sporting Club ».
- JDH ÉDITIONS. **Bourse de Paris : 10 grands patrons, 10 grandes histoires**, de Y. Laurent-Rouault, J.-D. Haddad et B. Rousseau, collection « Les Pros de l'Éco ».
- JDH ÉDITIONS. **L'ombre d'Ulysse** (haïkus), de Jean-Hughes Chevy, collection « Nouvelles Pages ».
- JDH ÉDITIONS. **Mona Nova**, C. Fourrier, collection « Nouvelles pages ».

Romans, théâtre et pamphlets écrits par Y. Laurent-Rouault

- JDH ÉDITIONS. **Le conard nu**, roman, collection « Magnitudes ».
- JDH ÉDITIONS. **Tu n'iras pas à l'école mon fils**, pamphlet, collection « Uppercut ».
- JDH ÉDITIONS. **Coronavirus, la dictature sanitaire**, pamphlet (collectif), collection « Uppercut ».
- JDH ÉDITIONS. **Le roman en pièce ou la petite cuillère de porcelaine rouge**, théâtre., collection « Drôles de pages ».
- JDH ÉDITIONS**. Les 84 marches**, roman d'anticipation, collection « Black Files ».
- JDH ÉDITIONS. **L'anatomie de la Marguerite**, recueil, collection « My Feel Good »
- 6 nouvelles sur différents collectifs et thématiques.

Adaptation :

- JDH ÉDITIONS. **La tragédie de Fidel Castro**, de João Cerqueira. Winner USA Best Book Awards & Beverly Hills Book Awards, collection « Magnitudes ».

Les Livres sur mesure/Livres d'entreprises écrits par Yoann Laurent-Rouault chez JDH Éditions

- JDH ÉDITIONS. **Immigration mon amour**, biographie de Lamia Aamou, collection « Baraka ».
- JDH ÉDITIONS. **Biographie d'Adnan El Bakri**, chirurgien et président de la commission sur l'intelligence artificielle en médecine, collection « Baraka » (à paraître).
- JDH ÉDITIONS. **Biographie de Fares Zlitni** (à paraître).
- JDH ÉDITIONS. **Plongeurs démineurs**, Guillaume Garnier.
- JDH ÉDITIONS. **De Bocuse à la Corrèze : Itinéraire d'un enfant gourmand**, Benoit Ducher.

Dossiers documentaires (illustrés) et préfaces documentées Collection « Les Atemporels »

16 titres sur des œuvres classiques de Gide (x2), Alain, Éluard, Fitzgerald, Guénon, Verne, Zola, Baudelaire, Rousseau, Allais, Pouchkine, Apollinaire, De Coubertin, Daudet et Kardec, parus ou à paraître.

À découvrir

Mémoires d'un spéculateur en version illustrée

Diffusé par JDH Éditions

www.jdheditions.fr